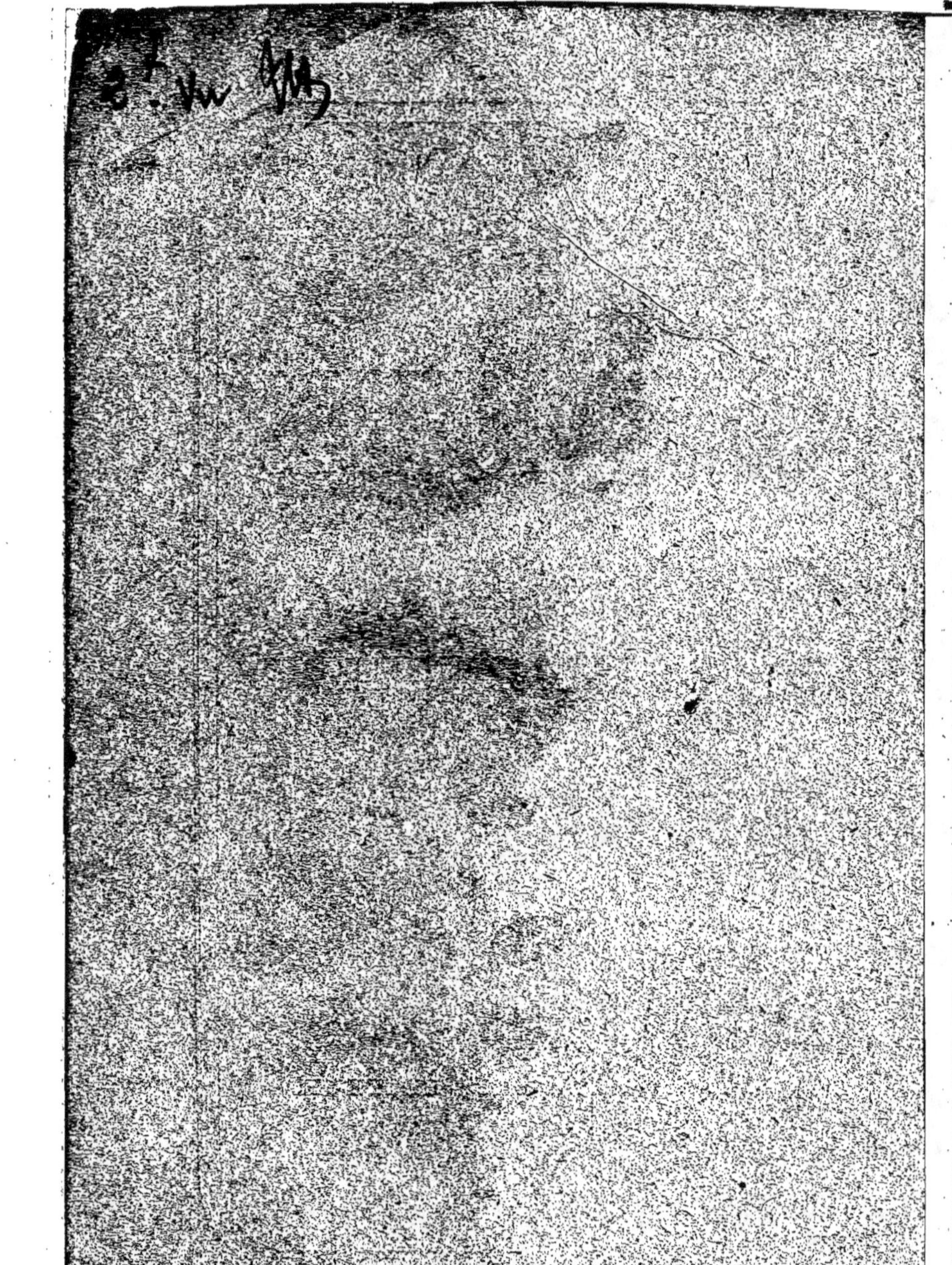

LES TOURNIQUETS

REVUE DE L'ANNÉE 1861.

PARIS. — IMPRIMERIE DE DUBUISSON ET Cᵉ, 5, RUE COQ-HÉRON.

LES

TOURNIQUETS

REVUE DE L'ANNÉE 1861

En 3 actes et 12 tableaux — avec prologue et épilogue

REVUE, CORRIGÉE ET AUGMENTÉE DE PLUSIEURS SCÈNES,
ET DE QUATRE TABLEAUX NOUVEAUX

PAR

L. LEMERCIER DE NEUVILLE

Représentée pour la première fois, à Paris, sur le théâtre du *Figaro*,
le 15 décembre 1861.

ILLUSTRATIONS DE M. ÉMILE BÉNASSIT. — GRAVURE DE MM. ROCH ET JACOB

PARIS
POULET MALASSIS, ÉDITEUR, RUE RICHELIEU, 97
1862

A NICÉPHORE BERJUZANS

VÉTÉRINAIRE, A ROUTOT (EURE).

A toi, mon cher Copin, ma première œuvre, comme je t'ai dédié mon premier thème sans faute! Bien faible souvenir pour une rare amitié! Toi à Routôt, moi à Paris, marchons dans la vie toujours unis et toujours fidèles, comme Nisus et Euryale, Castor et Pollux, Sarcey et About.

A toi, encore à toi, toujours à toi,

L. de NEUVILLE.

Naples, novembre 1861.

PRÉFACE

Avant toute chose, l'auteur remercie vivement la critique qui a traité son œuvre avec indulgence. Il est rare aujourd'hui de voir une Revue, genre de pièce, qui, nécessairement, contient des critiques bouffonnes et des appréciations futiles, aussi scrupuleusement analysée par des hommes sérieux, non animés du démon de la partialité. Celui qui écrit ces lignes serait ingrat s'il essayait de relever certaines critiques de détail, mais cependant, dans l'intérêt de l'art, il ne peut faire autrement que de les réfuter.

On lui a reproché la forme vulgaire de sa pièce. A cela il répond comme répondait le loup au petit Chaperon-Rouge : — « *Grand'mère que vous avez de grands yeux? — C'est pour mieux voir, mon enfant !* » C'est pour mieux se faire comprendre qu'il a employé des airs connus, des locutions vulgaires, et qu'il a donné à ses personnages des noms *historiques*.

Les croquis fantaisistes qui accompagnent ses couplets ont été blâmés sévèrement. Pourquoi ? Le siècle actuel n'est-il pas à l'illustration ? Doré n'a-t-il pas illustré *le Dante* et *les Contes de Perrault ?* Ponson du Terrail ne fait-il pas illustrer ses romans ? Ne s'*illustre*-t-il pas lui même ? N'avons-nous pas le *Monde illustré ?* L'*Illustration ?* L'*Univers illustré ?* Le *Charivari ?* et bien d'autres ! L'auteur croit que ce reproche est tout simplement puéril, et, quel que soit le respect qu'il ait pour la critique, il ne peut s'empêcher de trouver idiotes de semblables observations.

Le personnage de TOURNIQUET a été aussi vivement attaqué. Les uns l'ont pris au sérieux, d'autres au contraire ne l'ont considéré que comme un COMPÈRE ordinaire.

A ceci, l'auteur répond :

Pas plus que Musset, en écrivant *Lorenzaccio*, ne croyait faire une pièce, qu'on jouera peut-être un jour — (ne l'espérons pas, elle est si bien jouée à la lecture) — l'auteur n'a voulu faire une œuvre possible à la scène. D'ailleurs, le *Compère* est bien usé, c'est une ficelle trop peu solide, pour qu'il l'ait choisie ; il a préféré ce ravissant décousu, qui est la trâme de la vie humaine ; il se repent même d'avoir, pendant quelques tableaux, enchaîné, à l'aide de ce compère, des situations et des péripéties ; car, dans la réalité, ce personnage n'existe qu'à l'état latent — comme les gaz — : Le compère réel est le succès.

Enfin, — et ceci est un reproche sérieux — on a blamé l'auteur de s'être amusé avec des noms connus, estimables et estimés ; et d'avoir, dans une forme populaire, établi des jugements plus ou moins malveillants — littérairement parlant, bien entendu — sur des auteurs et des artistes qui ont au contraire besoin de réclames ; — on a trouvé qu'il était trop jeune et trop inconnu pour s'arroger ce droit. Talma a été sifflé à Rouen par des courtauds de boutique ; mais ces courtauds de boutique étaient le *public* : avaient-ils tort ou raison, qu'importe ! — ils étaient dans leur droit.

C'est comme public que l'auteur se décide à publier cette revue.

Avant de clore cette petite préface, l'auteur tient à remercier les artistes qui lui ont prêté leur concours. Mademoiselle Emma Livry, dont le talent éclate si vivement dans le rôle de l'*Allumette*, mademoiselle Suzanne Lagier, si touchante dans celui de *Rigolboche*. Mademoiselle Nelly, si piquante dans l'*Ambrette*, et mademoiselle Fargueil, si verte dans l'*Absinthe*. — Ravel dans *Tourniquet* est magnifique; le rôle est tout à fait dans ses cordes. Du reste, l'éminent acteur le comprenait si bien, qu'il est revenu exprès de Saint-Pétersbourg pour le jouer. Laferrière dans le rôle de *Markowski* a été plein de passion ; M. de Chilly, directeur de l'Ambigu-Comique, qui avait obtenu la permission de jouer le rôle de *Jud*, a bien rendu cette physionomie terrible et fatale ; Raynard, le désopilant bossu du Théâtre-Déjazet, a bien voulu jouer en travesti *Alice la Provençale*, il lui a donné tout l'esprit qu'elle n'a pas. Mais le succès a été tout entier pour Achille Machanette, de l'Ambigu ; l'ami de Villemot, qui, dans un rôle de casseur de vitres comme organe, s'est révélé brillant brûleur de planches comme comédien.

Enfin, merci à toutes, merci à tous ! Avec de tels artistes, l'auteur peut dire maintenant : L'avenir est à moi !

Constantinople, décembre 1861.

LES

TOURNIQUETS

REVUE DE L'ANNÉE 1861

PROLOGUE

PREMIER TABLEAU

LE RHUME DE CERVEAU DU DOCTEUR

LE PROLOGUE, *au public, s'avançant entre la toile et l'orchestre*

Air : *Ne raillez pas la garde citoyenne*

Ami public, j'arrive sans vergogne
En chantonnant des refrains bien connus,
Assez mal mis, un peu rouge de trogne,
Très goguenard... nu-tête et les pieds nus.

Vous auriez tort d'exiger un costume,
Trop bien vêtu, l'auteur a l'air d'un sot.
Comme un oiseau je me vêts de ma plume
Et suis pudique,.. en me couvrant d'un mot.

Je suis Revue, oui, comme le *Banc d'huître...*
Mais sans *Ravel*, *Gil-Perez* et *Brasseur*,
Et vais tâcher, du haut de mon pupitre,
D'être amusant... du moins d'être amuseur.

Ah! si j'avais costumes et danseuses,
Décors, vaisseaux, chameaux, *et cætera*,
Les grands acteurs et les fortes chanteuses,
Avec le corps des ballets d'opéra,

Je serais sûr du succès! Mais qu'y faire?
Mon seul succès, si j'en ai, c'est, je crois,
Que l'on me joue, aujourd'hui, la première
En même temps que la dernière fois!

(Il salue et sort. — La toile se lève.)

Le théâtre représente les bureaux du *Constitutionnel* : petite chambre basse et humide.

Scène première

LE DOCTEUR. — Hum! Hum! me revoici aux affaires! Comme ces bureaux sont froids! Vraiment je vais attraper un rhume! Garçon! *(Il sonne.)*

Scène II

LE DOCTEUR, UN GARÇON DE BUREAU

LE DOCTEUR. — Il fait très froid dans ce cabinet!

LE GARÇON DE BUREAU. — Il a toujours fait froid au *Constitutionnel*.

LE DOCTEUR. — J'ai peur de m'enrhumer; donnez-moi une boîte de *pâte Regnault*.

Air de *M. et Madame Denis*

Dans cette armoire, jadis,
J'en laissai, je vous le dis,
C'était vraiment excellent,
Souvenez-vous-en,
Souvenez-vous-en.

LE GARÇON DE BUREAU

Oui, mais monsieur Grandguillot
Ne s'en fit jamais défaut !

C'était la nourriture ordinaire de son cheval ; aussi, Monsieur, nous n'en avons plus !

LE DOCTEUR *mécontent.* — C'est bien, laissez-moi, (*le garçon de bureau sort*). — Hum ! hum ! (*fort accès de toux*) — C'est intolérable ! si cela continue, je n'ai qu'à commander mon convoi ; heureusement que dans mon testament j'ai eu le soin d'indiquer que je voulais être enterré dans ma cravate !

LE GARÇON DE BUREAU *rentrant.* — M. Fiorentino désire vous parler ; voici une lettre.

LE DOCTEUR, *lisant l'adresse.* — « A monsieur, monsieur Véron, dans sa cravate, à Paris. » — C'est encore une facétie de ce plaisant de Roger de Beauvoir. Je lirai cela tout à l'heure. Donnez-moi mon dictionnaire italien... et faites *entrer* M. Fiorentino.

Air : *A boire ! à boire ! à boire.*

Qu'il entr' ! qu'il entr' ! qu'il entre !
Il a quelqu' chos' dans l' ventre !
Quoique brun, ce critique est bon,
J'aime assez son air fanfaron !

(Le garçon de bureau sort et introduit M. Fiorentino.)

Scène III

LE DOCTEUR, M. FIORENTINO

LE DOCTEUR. — Ah ! c'est vous, cher critique ! Voyons, vous m'apportez sans doute dans votre feuilleton quelques bonnes exécutions ? La lutte ! la lutte ! c'est la pierre de touche du talent !

M. FIORENTINO.—Oui ! z'abîme oune ténor qui n'a pas oune voix assez métallique, et oune çanteuse qui ne çante pas comme ze le voudrais !

LE DOCTEUR. — Très bien ! de l'impartialité... A propos, pour l'hiver, recommandez la pâte Regnault à vos artistes !

M. FIORENTINO. — Ze n'y manquerai pas ; dites donc, z'ai trouvé une étoile à la Porte-Saint-Martin ; ze la recommande pour les Français.

LE DOCTEUR. — Très bien ! Est-elle forte ?

M. FIORENTINO. — Non !

LE DOCTEUR. — C'est une nullité ?

M. FIORENTINO. — Oui, une *néllité !* (*Il sort en riant.*)

LE DOCTEUR. — Il faut la pousser, elle arrivera !

Scène IV

LE DOCTEUR, LE GARÇON DE BUREAU

LE GARÇON DE BUREAU. — Monsieur About et frère Sarcey.

LE DOCTEUR. — Faites entrer le premier.

LE GARÇON DE BUREAU, *rentrant.*—M. About ne peut entrer sans frère Sarcey. L'un ne va pas sans l'autre.

LE DOCTEUR.—Au fait, puisqu'à eux deux ils ne font *qu'un*, dites-leur *qu'il entre* !

(Le garçon de bureau sort.)

Scène V

LE DOCTEUR, M. ABOUT, M. SARCEY

LE DOCTEUR. — C'est donc vous, bon jeune homme?

M. SARCEY. — Oui, cher docteur, oui, c'est nous!

LE DOCTEUR, *toussant*. — Hum! hum! on s'enrhume ici! Vous ne savez pas? j'ai trouvé une combinaison. Tel que vous me voyez, je suis un vrai journaliste. Personne ne connaît mieux que moi mes abonnés... J'ai étudié les simples, — comme élève en pharmacie, — et je connais leurs propriétés... comme capitaliste!

M. ABOUT. — Où voulez-vous en venir, cher maître?

LE DOCTEUR. — A ceci: Je veux ressusciter le vieux *Constitutionnel*, celui de 1839!... avec ses canards, ses puffs et sa naïve rouerie! Les abus n'ont qu'à se bien tenir: les allumettes chimiques nous envahissent de plus en plus; les pianos deviennent importuns, les billards sont trop bruyants... Gare à eux!

M. ABOUT. — Bravo! et les portiers! — et les jeux de jaquet et de besigue! — et les fumeurs de pipe et les photographes!

LE DOCTEUR. — J'y songerai! Vous, bon jeune homme, vous m'aiderez; puis j'ai Boniface, mon séide, et Limayrac, mon mamelouck: avec de l'unité, nous pouvons nous maintenir.

M. ABOUT. — Mais les allumettes, les billards, les pianos vont se plaindre.

LE DOCTEUR. — Qu'ils se plaignent! Ah!.. puisque vous vous voilà, une simple observation.

M. ABOUT. — Je vous écoute, cher maître.

LE DOCTEUR. — N'oubliez pas qu'à partir de ce jour vous appartenez à un grand journal; ainsi, plus de niaiseries, n'est-ce pas? Faites des *Questions romaines* tant que vous voudrez, mais plus de *Théâtre impossible* ni de *Revue du Palais-Royal.*

M. ABOUT. — Quant à la *Revue du Palais-Royal*, mon cher docteur, c'est une bonne banque pour faire parler de moi; —je ne sais si Dumanoir, mon collaborateur, y a travaillé, — pour moi, je n'en ai pas écrit un traître mot, et quand je l'ai portée à Cogniard pour qu'il en prît l'esprit, je craignais vivement qu'il n'acceptât mon offre, car dans le rouleau que je lui présentais il n'y avait pas plus d'esprit que de pièce.

LE DOCTEUR. — A la bonne heure! Faites un ballet! si vous voulez, cela n'engage à rien, puis cela se signe sans être écrit, et se joue sans parler; mais des comédies, des farces! fi! Au *Constitu*, l'on n'est pas farceur.

M. SARCEY. — Cependant nous croyions...

LE DOCTEUR. — Puis, venez me voir seul, cher About, vous me comprenez? chez moi l'on se présente en laissant son ombre à la porte...

M. ABOUT. — Pardon, docteur, mais c'est impossible! j'ai fait un vœu.

Air des *Feuilles mortes.*

Mes jours sont condamnés, je passerai ma vie
Toujours avec Sarcey, ce bel ambitieux!
J'aime à tirer souvent son oreille rougie
Dont le bout va se perdre au beau milieu des cieux.
Et puis il est si bon, il sait ouvrir les portes,
Balayer le plancher, — tout faire sur ma foi!
Quand vous ferez pousser, pousser les feuilles mortes,
Si vous aimez Sarcey, vous penserez à moi (*bis*)

LE DOCTEUR. — Nous verrons, hum! hum! Allons pondre mes canards!

(Le docteur rentre dans sa cravate, MM. About et Sarcey sortent.)

Scène VI

LE DOCTEUR, LE GARÇON DE BUREAU, *puis* L'ALLUMETTE

LE GARÇON DE BUREAU. — Monsieur, une dame fluette désire vous parler.

LE DOCTEUR. — Faites entrer!

L'ALLUMETTE, *entrant*. — Monsieur, je viens pour une réclamation.

LE DOCTEUR. — Parlez, madame.

L'ALLUMETTE, *vivement*. — J'ai lu, dans un de vos derniers numéros, qu'on voulait tracasser l'Allumette. Je suis l'Allumette, monsieur, et certainement vous êtes mal informé ; vous trompez le public...

LE DOCTEUR. — Là, là, ne prenez pas feu, madame.

L'ALLUMETTE. — Vous pouvez être assuré, monsieur...

LE DOCTEUR. — Je le suis, madame!...

L'ALLUMETTE. — Vous pouvez être assuré que je protesterai vivement ! J'ai fait tous les sacrifices pour conserver mon indépendance... je me suis parfumée...

LE DOCTEUR. — On s'en aperçoit !

L'ALLUMETTE. — Je me suis faite *allemande, chinoise*, que sais-je ! Chez moi j'ai arrangé ma petite *boîte* d'une façon luxueuse; malgré ma vivacité, je me suis *amadouée* dans l'espoir qu'on voudrait bien me laisser en paix, enfin, pour plaire à tous, j'ai consenti à être *amorphe.*

LE DOCTEUR. — Vous vous êtes *métamorphosée !*

L'ALLUMETTE. — Du tout au tout ! Et l'on me taquinerait ! Que l'on prenne garde ! Il ne faut pas que l'on se frotte à à moi !

LE DOCTEUR. — A qui le dites-vous ?

L'ALLUMETTE. — Je suis tout feu ! tout flammes !... Tenez, monsieur, voilà une pétition en ma faveur, signée par les cigares, les cigarettes, les bougies, les lampes, etc., etc... Insérez cela dans votre journal ! Ah ! j'étouffe ! je suffoque... je m'évanouis !...

(Elle se trouve mal.)

LE DOCTEUR, *lui jetant de l'eau à la figure.* — Voyons ! voyons ! revenez à vous !

L'ALLUMETTE, *reprenant ses sens* :

Air des *Fraises.*

Hélas ! je ne sais qui veut
Me plonger dans un gouffre !
On va m'imposer, mon Dieu !
Je vais m'éteindre dans peu !
Je souffre (*ter*) !

LE DOCTEUR.—Je prends votre demande en considération, comptez sur moi.

L'ALLUMETTE, *se retirant.* — Ah ! Monsieur ! que de reconnaissance ! Et si mes faibles lumières... un jour... Merci ! merci...

Scène VII

LE DOCTEUR, LE GARÇON DE BUREAU, ASCHER, Mme DREYFUS, HENRY HERZ, KALKBRENNER, LEFÉBURE-WELY, Mme ELISA MARTIN, Mme PLEYEL, PRUDENT, QUIDANT, RAVINA, ROSELLEN, THALBERG, etc., etc.

LE GARÇON DE BUREAU. — Monsieur ! il y a là plusieurs artistes qui voudraient parler à Monsieur...

LE DOCTEUR.— Faites-les entrer...

LE GARÇON DE BUREAU, *en s'en allant.*—Je vais serrer l'argenterie.

(Les artistes entrent.)

THALBERG. — Ah ! mon cher docteur, qu'avez-vous donc annoncé dernièrement ?

PRUDENT. — Adieu nos leçons !

RAVINA. — Adieu nos concerts !

QUIDANT.

Air : *Petit Enfant.*

Pauvre Quidant! Adieu ma mélodie...
Qui vous faisait vous livrer au sommeil.
Oh ! j'en ferai certe ! une maladie,
Après mon rêve, oh ! le triste réveil !
Plus de pianos ! mon succès m'abandonne !
Si cet impôt a lieu, je suis maudit,
Nul ne jouera mon refrain monotone :
Petit enfant sera toujours petit !

HENRI HERZ.—Nous nous *imposions* pourtant assez comme cela.

Air de la *Famille de l'Apothicaire.*

Nous n'avons plus qu'à déserter,
Voilà nos leçons terminées,
Nos élèves vont nous quitter,
Adieu nos belles matinées!
Je frémis rien que d'y penser,
Le piano va mourir en France...
Notre instrument faisait danser, } *bis.*
Aujourd'hui c'est lui qui la danse! }

RAVINA. — Vraiment c'est affreux ! épouvantable !

Même air.

Adieu caprices et polkas !

ROSELLEN

Souvenirs, valses, rêveries...

ASCHER

Sérénades et mazurkas.

LEFEBURE WELY

Nocturnes, tendres mélodies !

MADAME ÉLISA MARTIN

Pour éviter cet impôt-là,
Hélas ! une jeune personne
Avant qu'il soit un an, jouera } *bis.*
Des caprices sur le trombonne ! }

ÉMILE PRUDENT

Même air.

Que faire de notre piano ?

ROSELLEN

Je vais en faire une brouette !

HENRI HERZ

Je vais le gréer en canot!

MADAME DREYFUS

Moi, j'en fais faire une toilette...

MADAME PLEYEL

Comme armoire, il peut me servir!

THALBERG

Et dans le mien moi je me couche.

KALKBRENNER

En coupé, je vais l'établir,
Ça ne manquera pas *de touche!* } *bis.*

CHŒUR D'ARTISTES, *pleurant,*

Air : *Ah! ah! ah!*

Ah! ah! ah!
Qui nous eût dit ça?
Pour nous, vraiment, c'est la ruine.
Ah! ah! ah!
On nous assassine
Avec cet affreux canard-là!

LE DOCTEUR. — Voyons! mes enfants! un peu de courage. Ne *vendez pas* comme cela *votre piano!* Je m'intéresserai à vous, je vous le promets.

LES ARTISTES. — Ah! merci, merci.

(Ils sortent dans l'ordre alphabétique.)

Scène VIII

LE DOCTEUR, LE GARÇON DE BUREAU, *puis* BERGER

LE GARÇON DE BUREAU. — Monsieur, Berger, le professeur de billard a deux mots à vous dire.

LE DOCTEUR. — Berger, qu'est-ce qu'il me veut ? qu'il entre.

(Berger entre.)

BERGER. — Eh bien ! vous avez appris ? nos pauvres billards...

LE DOCTEUR. — Tant pis pour vous, je n'y puis rien !

BERGER.

Air : *Bonjour, mon ami Vincent.*

Pourquoi frapper le billard ?
Voyons, je vous le demande,
Si nous jouons par trop tard,
On peut nous mettre à l'amende.
Nous voilà tous *carambolés !*
Plus de *retros !* plus de *coulés !*
Oui, nous voilà *collés sous bande !*
Ah ! nous nous sommes bien *blousés !*
Oui, je le sais
Hélas ! assez...
Voilà tous les joueurs *massés !*

LE DOCTEUR. —Mon cher ami, c'est un peu votre faute !

BERGER. — Mais enfin ! à quoi jouera-t-on, si l'on ne joue plus au billard ?

LE DOCTEUR.—On mettra des petits trapèzes dans les cafés et on jouera au Léotard... Cela aura beaucoup de succès... vous permettez, je suis occupé...

BERGER, *en sortant.* — Ah ! vous n'êtes pas juste !...

(Il sort.)

Scène IX

LE DOCTEUR, LE GARÇON DE BUREAU,
puis TOURNIQUET

LE GARÇON DE BUREAU. — Monsieur...

LE DOCTEUR. — Encore ! je n'y suis pour personne.

TOURNIQUET, *entrant.* — Pardon, si je viole la consigne, mais comme je veux vous rendre un service, j'espère être excusé.... vous ne me remettez pas ?

LE DOCTEUR, *au garçon de bureau.* — Laissez-nous ! (*Il sort*). — Oh ! fichtre ! non, je ne vous *remets* pas...

TOURNIQUET. — Pourtant, je suis un homme bien connu ; les plus grandes intelligences sont de ma famille... Vous connaissez L.....? C'est un cousin à moi ; oh ! j'ai des parents dans tous les parties ; M. C..., D..., L..., N..., M..., etc., sont de ma famille ; je ne suis pas le dernier venu, je m'appelle Tourniquet.

LE DOCTEUR. — Attendez donc ! Tourniquet... n'étiez-vous pas marié ?

TOURNIQUET. — Et je le suis encore, seulement ma femme est rarement avec moi, sa profession l'en empêche. — C'est elle qui a pour mission d'indiquer le côté du vent : — Elle est girouette.

LE DOCTEUR. — C'est bien cela ! Et vous voilà sans place.

TOURNIQUET. — Mon Dieu, oui, aussi je viens vous proposer une affaire.

LE DOCTEUR. — Asseyez-vous donc...

TOURNIQUET. — Ne me bousculez pas de grâce... le moindre mouvement que vous me feriez faire vous coûterait au moins vingt sous.

LE DOCTEUR. — Fichtre ! voyons votre affaire...

TOURNIQUET. — Eh bien ! en qualité de Tourniquet, je me suis trouvé en rapport avec tout Paris, j'ai vu les Pereire, les Rotschild, comme j'ai vu de grandes ruines et d'affreuses catastrophes.... je connais donc, non-seulement la société actuelle, mais encore je me suis trouvé mêlé à tous les événements de l'année d'une façon plus ou moins directe.

LE DOCTEUR. — Où voulez-vous en venir ?

TOURNIQUET. — A ceci : Je viens vous proposer mes Mémoires.

LE DOCTEUR. — Vos Mémoires?

TOURNIQUET. — Sans doute ! seul j'endosse la responsabilité du livre... mais toute ma famille me donnera des notes... et de bonnes, car ma famille est nombreuse. Heureusement que je ne suis pas obligé de la nourrir.

Air : *Des cancans.*

Tourniquet (*bis*) !
On me donne mon paquet
Tourniquet (*bis*)
Je m'en vais avec regret !

LE DOCTEUR. — Je comprends cela !

TOURNIQUET

A la porte de la Bourse,
Je vivais pas mal, ma foi,
On me laisse sans ressource,
Oh ! là là... faut-il qu'on soit...

Refrain

Tourniquet (*bis*), etc.

Mais vous les connaissez bien, mes parents, allez ! Hommes, femmes, bons ou méchants, somme toute, ils ne valent pas grand chose.

Celui qui vit dans un bouge
Et qui se sert tour à tour
D'encre bleue, ou blanche ou rouge
Suivant le héros du jour,
Tourniquet (*bis*), etc.

Ce petit gandin stupide
Qui se croit aimé vraiment
Et qu'une femme cupide
Fait tourner habilement,
Tourniquet (*bis*), etc.

Ce petit cœur de novice
Qui ne sait pas ce qu'il veut,
Rêve moustache à l'office,
Et dans son lit songe à Dieu,
Tourniquet (*bis*), etc.

L'amoureux qui se détourne
Quand une femme a passé,
Le rendez-vous qui s'ajourne
Quand le cœur n'est plus pressé,
Tourniquet (*bis*), etc.

Il y a même des choses inanimées que je pourrais mettre dans ma famille.

En tournant sur elle-même,
La terre, dans la chaleur,
Sait faire tourner la crème,
Qui vous fait tourner le cœur,
Tourniquet (*bis*), etc.

LE DOCTEUR. — Vous avez raison, Tourniquet; vos Mémoires seraient curieux, seulement...

TOURNIQUET. — Seulement...

LE DOCTEUR. — Seulement, il faut en faire une revue de l'année: *Les Tourniquets*. Le titre n'est pas mauvais; portez cela au *Figaro*, il l'acceptera.

TOURNIQUET. — C'est convenu! (1)

FIN DU PROLOGUE

(1) Ici devait se trouver un chœur de sortie sur un air de polka. Le machiniste ayant laissé tomber le rideau avant la réplique, est cause que le public ne peut l'entendre.

ACTE PREMIER

DEUXIÈME TABLEAU

LE CAFÉ DES VARIÉTÉS (1)

A l'heure de l'absinthe, 4 heures

Scène première

PARADE, RAYNARD, UN GARÇON DE CAFÉ, LOUIS.

CHŒUR DE BONS PETITS CAMARADES

Air du *Chalet* : *Dans le service de l'Autriche*

Disons du mal des camarades,
Ils n'en seront pas plus malades,
Chacun sait ça!
Soyons méchants, soyons vipères,
Qu'importe! puisque nos confrères
Ne sont pas là!
Les mots piquants sont toujours salutaires
Chacun nous prend pour des célébrités!
Vive la blague et les méchancetés!
Voilà! voilà! voilà! voilà! l'absinthe aux Variétés

PARADE. — Bon! il y avait un journaliste-là! S'il a entendu, il va t'éreinter.

RAYNARD. — Qu'est-ce que ça me fait! Ce n'est pas Junius.

(1) ou : *Le Triomphe de la Soupe aux choux après minuit.*

PARADE. — Qui sait!

RAYNARD. — Après tout, je m'en fiche. Garçon!

LE GARÇON. — Monsieur!

RAYNARD. — Encore un nouveau? Où est la *Brosse à reluire?*

LE GARÇON. — La Brosse à...

RAYNARD. — Oui, le garçon qui me sert d'habitude... qui a les cheveux ébouriffés.

LE GARÇON. — Louis!... Je vais l'appeler : — Louis!

LOUIS. — Que veut monsieur! une absinthe?

RAYNARD. — Non, donnez-moi de la nouvelle boisson... de l'*Ambrette*, de la boisson HATTON.

PARADE. — Et moi, une absinthe.

LOUIS. — Bien, messieurs!... (*Au comptoir.*) *A-t-on* de la boisson HATTON?

Scène II

LES MÊMES, L'AMBRETTE, L'ABSINTHE

L'AMBRETTE

Air : *Cascadè.*

Ambrette (*bis*)
Je suis le breuvage nouveau.
Je monte la tête,
Sans nuire au cerveau !

A votre aimable appel, j'arrive!
Je suis tonique, apéritive,
Je suis pleine de qualités !
De l'absinthe j'ai les bontés,
Sans les perversités !

Ambrette (*bis*)
Je suis le breuvage nouveau;
Je monte la tête,
Sans nuire au cerveau !

RAYNARD. — Nous verrons, ma mie!

L'ABSINTHE

(*Même air.*)

Absinthe (*bis*)
Diable vert, au cœur enflammé !
Quelle flamme éteinte
N'ai-je rallumé ?

Ah ! voici donc mon ennemie ?
Regardez-moi cette chipie !
Parce qu'elle a pris ma couleur,
Elle croit, parole d'honneur !
Posséder ma saveur !

Absinthe (*bis*)
Diable vert, au cœur enflammé,
Quelle flamme éteinte
N'ai-je rallumé !

L'AMBRETTE. — Veux-tu te taire, empoisonneuse !

L'ABSINTHE. — Et toi, va donc, fausse bonne femme !

L'AMBRETTE. — Tu n'es qu'une misérable ! Comment oses-tu te présenter ici après tes crimes... oh ! je dis la vérité, — tu le sais bien, tu pâlis.

Air de : *Vous vieillirez, ô ma belle maîtresse!*

Tu nous as pris un de nos bons poëtes,
Il t'adorait, ô fatale liqueur!
En Algérie, entravant nos conquêtes,
Tu décimas nos guerriers pleins de cœur!
Va, tu n'es plus la verte enchanteresse
Depuis qu'on sait que tu n'es qu'un poison.
Oui, c'est fini, le buveur te délaisse,
Sur tes débris je plante ma maison. (*Bis.*)

(*Le verre d'absinthe se précipite sur le verre d'ambrette comme s'il voulait l'avaler.*)

RAYNARD. — Là! là! ne vous avalez pas, mesdemoiselles! il ne nous resterait plus rien! (*Il boit.*)

Scène III

LES MÊMES, PUIS TOURNIQUET, *vêtu en rédacteur du Figaro* (1), PUIS LANTIMÈCHE ET CABOULOT

RAYNARD. — Ah! voilà un rédacteur du *Figaro*.

PARADE. — Il prend des notes. Il vient nous espionner! — Ces malheureux! ils font de la copie avec notre esprit.

RAYNARD. — Et on la leur paye!

PARADE. — Mercenaires, va!

(*Entrent Caboulot et Lantimèche*).

RAYNARD. — Regarde donc ces deux individus qui viennent d'entrer? En voilà une tenue! — Garçon!

(1) C'est-à-dire avec du linge propre.

LE GARÇON. — Monsieur !

RAYNARD. — Comment laissez-vous entrer des gens comme cela ?...

LE GARÇON. — Attendez, je vais les renvoyer... (*A Lantimèche.*) Vous demandez quelqu'un ?

LANTIMÈCHE. — De quoi ! des questions, est-ce que mon argent ne vaut pas *celle* des autres ?

CABOULOT. — C'est-y parce que j'ai une blouse ?

LANTIMÈCHE. — Donnez-nous un litre, et raide là.

CABOULOT. — C'est qu'il ne faut pas qu'on nous maltraite... Garçon, sais-tu qui c'est, celui-là ?

LE GARÇON. — Ne me tutoyez pas ; c'est défendu dans la maison !

CABOULOT. — Oh ! la là ! chez moi, on ne *vouvoutait* personne... Eh bien ! vois-tu ce bonbomme-là, c'est un cocher et un fameux, et qui, ne pouvant plus faire claquer son fouet, fait claquer sa langue... Pas vrai, mon père Lantimèche ?

LANTIMÈCHE. — Il le faut bien. Oh ! les *canassons* (1) ! comme ils sont vengés ! Il n'y a pas ! Il faut changer de profession !

(1) Canasson (canne à son), nom familier donné à leurs chevaux par les cochers de Paris.

AIR : *Ma Normandie.*

Que va devenir Lantimèche,
Puisque son fouet ne claque plus?
On vient de lui ravir sa mèche.
Ses chevaux ne sont plus battus!
J'ai beau crier avec furie,
Mes chevaux me blaguent entre eux...
Je vais aller en Normandie,
Car là du moins je claquerai mes bœufs!

LE GARÇON. — Ah ça! pourquoi vous appelle-t-on Lantimèche?

LANTIMÈCHE. — Parce que c'est moi qui ai donné ce nom-là à l'auteur de l'ordonnance qui supprime les mèches de nos fouets! C'est même ce soir qu'a lieu l'adjudication de tous ces débris de notre puissance, à l'hôtel des Commissaires priseurs.

LE GARÇON.— Comment! on va vendre toutes ces mèches-là? A qui, à des coiffeurs?

LANTIMÈCHE. — Non! je ne crois pas! Comme ce sont des ficelles, on ne trouvera d'amateurs que parmi les auteurs dramatiques.

TOURNIQUET, *à part.* — Bonne note à prendre, j'irai ce soir.

CABOULOT. — Eh bien! garçon, qu'est-ce que tu fais là? tu ne veux donc pas nous servir? Mais pour un rien, foi de Caboulot, je...

LE GARÇON. — Comment!... vous seriez?...

CABOULOT. — Sans doute!

AIR *du Conscrit de Montmartre.*

Je suis l'ancien Caboulot, } *Bis.*
C'est ce dont je me vante! }
J'étais un petit tripot
Où les femmes comme il faut
A tirlarigo
Faisaient leur magot
Sans payer de patente!

LE GARÇON. — Ah ! c'est vous qui...

CABOULOT. — Oui, c'est moi ! j'vas m'établir sur les boulevards avec des actionnaires, des billards et tout le tremblement.

LE GARÇON. — Bonne chance ! j'vas vous servir, attendez!

Scène IV

LES MÊMES, DES ORPHÉONISTES (BASSES D'ACCOMPAGNEMENT), CHARLES BATTAILLE, PAUL BLAQUIÈRES, LÉON BEAUVALLET.

CHŒUR

Air : *Do, sol, do.*

On ! on ! on ! on
Bou... ou ou ou...
On ! on ! on ! on...
Bou... ou ou ou...

LE GARÇON. — Messieurs, on ne chante pas ici !

PREMIER ORPHÉONISTE. — Tè ! On nous fait venir pour çanter et on nous dit qu'on ne çante pas? Alors si on ne çante pas c'est que nous ne sommes pas venus pour çanter! Tè nous allons boire...

TOUS. — Des absinthes!...

UNE VOIX SEULE. — Un verre d'orgeat !

PAUL BLAQUIÈRE. — Tè! C'est le petit soprane! un élève de Rome... à la Chapelle Sixtine.

CH. BATTAILLE. — Pardon, monsieur, je suis en affaire avec mon ami, seriez-vous assez obligeant pour parler moins haut ?...

PREMIER ORPHÉONISTE. — Parler moins haut ! parler moins

haut! Vous en parlez bien à votre aise. Savez-vous que nous brâillons depuis quatre jours et que nous sommes tellement d'accord que nous ne nous entendons plus!

CH. BATTAILLE. — Mais qui êtes-vous donc?

PREMIER ORPHÉONISTE. — Vous ne nous connaissez pas? Voilà qui est curieux! Mais tout le monde nous connaît... on ne voit que nous, à Paris.

CH. BATTAILLE, *à part.* — Je crois bien, les Parisiens leur ont cédé la place.

LÉON BEAUVALLET. — Dites-nous enfin quelle est cette invasion nouvelle?

PREMIER ORPHÉONISTE. — Des orphéonistes, mon bon! Rien que ça!

Air du *Bénéficiaire.*

Huit mille artistes chantants,
De tous les départements
Sont venus tous munis
Des produits de leur pays,
L'un avec du saucisson
Et sa voix de baryton,
L'autre avait à la fois
Anisette et frêle voix!
Les orphéonistes
Ne sont jamais tristes,
Delaporte et Vaudin
Savent bien
Les mettre en train.
Leurs voix exécrables
Semblaient admirables
Dans ce grand festival
Fait au Palais de Cristal.

Comment s'est-on reconnu
Dans ce grand tohu-bohu?
On ne sait. - L'Auvergnat
A chacun disait : *Fouchtra*

Le Gascon à ses amis
Envoyait des ***Cadedis***,
Le Marseillais à tous
Murmurait ***Cape de Dious!***
Tous les commissaires,
Vêtus en notaires,
S'efforçaient vainement
D'unir leurs voix constamment.
Cette foule immense
Semblait en démence,
Car chacun à la fois
S'exprimait en son patois.

Et voici pourquoi soudain
Delaporte et J. Vaudin
Hier unis
Et polis
Comme deux paires d'amis,
Dans cet affreux bacchanal
Qu'on appelle un festival
Ont perdu, c'est très mal,
Leur diapazon normal.

CH. BATTAILLE. — Et maintenant vous avez fini votre tournée?

PREMIER ORPHÉONISTE. — Oui, nous repartons demain, satisfaits et pleins... de reconnaissance... Quant à la voix... intacte!... On m'entend du Capitole, quand je chante sur la Cannebière!

Scène V

LES MÊMES, ORÉLIE-ANTOINE Ier, *qui salue familièrement Tourniquet.*

TOURNIQUET. — A qui ai-je l'honneur de parler?

ORÊLIE-ANTOINE Ier

Air : *Quand j'étais roi de Béotie.*

Je suis le roi d'Araucanie,
Ex-avoué de Périgueux.
J'ai composé ma colonie
De héros et de demi-gueux!
Dans mon pays natal, la France,
Dût-on me prendre pour un fou,
Je viens chercher de la finance,
Car là-bas je n'ai pas le sou.
Oui, j'ai grand besoin de finance
An an an... ance!

Offrez-moi quelque chose.

TOURNIQUET.— Demandez ce que vous voudrez!... Qu'est-ce que vous avez donc dans votre poche?...

ORÉLIE-ANTOINE Ier. — Oh!... un tas de papiers timbrés. — J'ai d'abord les affaires de ma colonie; car je suis roi-avocat, roi-avoué, roi-huissier et roi-recors.

TOURNIQUET. — Vous voulez dire : retors!

ORÉLIE-ANTOINE Ier. — J'ai d'abord établi que nul ne pourrait écrire, même une lettre, sans que ce soit sur du papier timbré.

TOURNIQUET. — Il faut bien faire quelque chose pour son peuple!

ORÉLIE-ANTOINE Ier. — Du reste, tout ce qui se fait là-bas est timbré.

TOURNIQUET. — Mais alors, vous devez être riche?

ORÉLIE-ANTOINE Ier. — Oh! non. Depuis ce temps, on ne plaide plus, on n'écrit plus, on ne se marie plus, on ne fait plus rien; alors je n'encaisse rien; voilà pourquoi je viens faire ma petite souscription en France.

TOURNIQUET. — J'ai grand' peur que vous ne réussissiez pas.

ORÉLIE-ANTOINE Ier. — Si ça ne prend pas, il me reste une ressource : je mets mon royaume en loterie à un franc le billet... Je trouverai bien quelques amateurs.

TOURNIQUET. — Bonne chance ! (*à part.*) J'ai déjà des notes sur les orphéonistes, l'Ambrette, les Caboulots, l'Araucanie et les mèches des cochers. Je vais de ce pas rue Drouot pour de nouveaux renseignements ; après quoi, j'irai dîner chez Dinochau. (*Il sort.*)

TROISIÈME TABLEAU

—

LES FICELLES TREMPÉES DANS LES LARMES

La salle des commissaires-priseurs, rue Drouot. — On procède à l'adjudication des bouts de ficelle provenant des mèches supprimées aux fouets des cochers.

Scène première

LE COMMISSAIRE-PRISEUR, FERDINAND DUGUÉ, VICTOR SÉJOUR, ÉDOUARD BRISEBARRE, EUGÈNE NUS, DUMANOIR, ANICET BOURGEOIS, CRISAFULLI, DEVICQUE, etc., etc. — *Dans un coin, l'on aperçoit* TOURNIQUET, *qui prend des notes.*

Parodie de la scène IX, acte II, de la Dame blanche.

LE COMMISSAIRE-PRISEUR, *se levant et lisant une affiche*

Par suite qu'on a pris des mesures nouvelles,
Faisons savoir qu'on va procéder sur-le-champ
A la vente de ces ficelles

A l'enchère publique, ainsi qu'au plus offrant
Et dernier enchérisseur !

FERDINAND DUGUÉ

Un si gros lot, vraiment, me tente !

LE COMMISSAIRE-PRISEUR

Nous avons acquéreur
A quinze sous ! quinze !

DUGUÉ

Oh ! j'en mets vingt-cinq.

SÉJOUR

Moi, trente !

DUGUÉ

Trente-cinq !

SÉJOUR

Quarante !

DUGUÉ

Quarante-cinq !

SÉJOUR

Cinquante !

DUGUÉ

Cinquante cinq !

SÉJOUR

Soixante !
Ils ont l'air interdits !

LES AUTEURS, *à Dugué*

Allons ! allons ! encor courage !

DUGUÉ

Voulez-vous risquer davantage ?
Soixante-cinq !

SÉJOUR

Soixante-dix !

DUGUÉ

Quatre-vingt-cinq !

SÉJOUR

Quatre-vingt-dix !
Ils ont beau faire,
J' les aurai.
Oui, j'en serai propriétaire;
Oui, je les emporterai !

DUGUÉ

Victor Séjour vraiment m'opprime.

LES AUTEURS

Allons, encor... nous sommes avec vous.

DUGUÉ

Eh bien ! quatre francs quinze...

SÉJOUR

Et moi je mets cent sous !

LES AUTEURS

O ciel ! nous n'avons plus sur nous un seul centime !

(Agitation incroyable ! L'orchestre continue en sourdine le récitatif.. Le commissaire priseur peut à peine se faire entendre et répète d'une voix lente :

Cent sous ! Cent sous ! Cent sous ! Cent sous !)

Scène II

Les Mêmes, D'ENNERY, *fendant la foule*

Arrêtez ! moi, je mets cent sous de plus que vous !

TOUS

O ciel !

(Ensemble impossible à comprendre; la vente recommence avec furie.

le paquet de ficelles est poussé par Séjour jusqu'à quarante-cinq francs.)

D'ENNERY, *allant surenchérir*

Eh bien, moi, s'il le faut...

SÉJOUR, *allant à lui*

Arrêtez, laissez-moi
Sur ces ficelles-là conseiller son jeune âge.
Sait-il à quoi cela l'engage ?

Au commissaire-priseur

Monsieur, lisez-lui la loi.

LE COMMISSAIRE-PRISEUR, *lisant*

« L'acheteur ne pourra jamais avoir de style,
» Sans collaborateurs remporter un succès,
» Et faute de produire un chef-d'œuvre imbécile,
» On le jouera toujours au Théâtre-Français ! »

D'ENNERY

Aux Français !

SÉJOUR, *à part*

Il hésite !

D'ENNERY, *à part*

Allons, l'affaire est bonne !
(Haut)
Je mets cinquante francs !

LE COMMISSAIRE-PRISEUR

Personne
Ne dit mot ?

SÉJOUR, *à part*

Quel malheur !

D'ENNERY, *bas à Séjour*

Convenez sans façon
Que ces ficelles ont du bon !

SÉJOUR, *avec dépit*

Il le faut, j'abandonne !

LE COMMISSAIRE-PRISEUR, *à d'Ennery*

Votre nom, votre état?

D'ENNERY

D'Ennery, — dit l'Auvergnat.
J' gagne tous les ans
Cent mille francs,
Et l'on ne dira pas que je fais des folies,
Car j'achèt' mon succès sur mes économies.

LE COMMISSAIRE-PRISEUR, *bas à Séjour*

Vous le voyez, j'y suis bien obligé.

(*A haute voix.*)

Puisqu'il le faut donc !

(*Montrant d'Ennery*)

Adjugé !

D'ENNERY. — O merci ! merci ! mon Dieu ! — O ma mère ! — Vous pâlissez, colonel !... — Sauvés ! sauvés !... — On vient ! c'est elle !... — Perdus !... — Ah ! j'aurais dû prévoir cette fatale issue !... — Cette croix !... j'avais deux mois quand elle me fut donnée !... — Je ne puis le dire, c'est un secret !... — Quand elle ouvrit les yeux, elle était aveugle ! — Ah ! ces ficelles, ces ficelles, toute ma gloire littéraire ! je vais de ce pas les tremper dans les larmes !

(D'Ennery sort très agité en remportant son paquet de ficelles. — Tous les autres auteurs emportent leurs vestes. — Tourniquet sort en se frottant les mains.)

QUATRIÈME TABLEAU

UN DINER CHEZ DINOCHAU

Le théâtre représente la salle à manger de Dinochau, rue de Navarin, — au premier étage. — Au fond, une glace dans un cadre épais en chêne; — on ne peut s'asseoir à cet endroit sans se cogner la tête; c'est ce qu'on appelle : *le coup de l'architecte.* — A droite, dans un cadre d'or, la charge d'Edouard Dinochau, avec cette épigraphe : « *Eh bien, voyons, la débouche-t-on?* » — A gauche, la charge de son frère. — Tables tout autour de la chambre. — A gauche en entrant, buffet en chêne, couvert de cristaux et de bouteilles de vins de plusieurs catégories : *la Négresse, — le 18, — le Nantou, — le Pomard, — le Charlemagne, — le Corton* et *le Saint-Marceau.* — CÉSARINE, la bonne de l'établissement, belle, forte et sérieuse, se tient d'aplomb à son poste, après avoir remonté les quatre becs de gaz. — Il est six heures et demie... On commence à arriver... Peu à peu la petite salle se garnit...— Quelques dames, amies de ces messieurs et venues en retard, dérangent tout le monde pour se placer.

Scène première

LES CONVIVES. — EDOUARD DINOCHAU, servant la soupe. — G. MATHIEU. — F. DESNOYERS. — TOURNIQUET, — LE PETIT RAGEUR. — CH. MONSELET. — UNE VOIX ET UN ABOIEMENT DANS LA RUE.

ÉDOUARD DINOCHAU, *jaugeant sa salle d'un coup d'œil.* — Il n'y a pas ce soir pour quinze francs de vins fins.

F. DESNOYERS. — Que t'importe, Jean-Edouard! puisque les rejetons des grands siècles littéraires te font l'honneur de s'asseoir à ta table...

ÉDOUARD DINOCHAU. — Ils sont jolis, ces rejetons-là... Veux-tu des choux?

F. DESNOYERS.— Sais-tu bien qu'en ce moment-ci Courbet vient de fonder une académie de peinture, de paysage...

LE PETIT RAGEUR. — Passez-moi des épinards !

TOURNIQUET. Où est le bœuf ?

F. DESNOYERS. — Il est en permanence dans l'atelier !

ÉDOUARD DINOCHAU. — Le mien est meilleur! il est *entrelardé !*

GUSTAVE MATHIEU. — Tais-toi, Dinochau, tu n'es pas des *nostres!*

ÉDOUARD DINOCHAU. — Avec cela que vous êtes fameux, aujourd'hui, vous autres gens de lettres et artistes !

LE PETIT RAGEUR. — Oh ! pour cela c'est vrai, aujourd'hui il ne se produit réellement rien de remarquable, surtout au théâtre,

CH. MONSELET, *pinçant sa lèvre.* — Mais d'Ennery, cependant ?

LE PETIT RAGEUR. — Un homme habile ! Depuis six ans, il a trouvé le moyen de se faire jouer le même drame dans différents décors. C'est ainsi qu'il démontre qu'il est moins joué que les autres.

TOURNIQUET. — Tout cela, c'est bien triste !

Air : *T'en souviens-tu.*

Elle n'est plus, l'époque littéraire !
L'art, de nos jours, se cache tout meurtri,
Où donc es-tu, Corneille? et toi, Molière?
On ne voit plus partout que d'Ennery !
Reviens, Hugo, reviens montrer l'exemple;
Le goût est mort... Viens le ressusciter
Oui viens chasser tous ces marchands du temple } *(Bis)*
Que jamais l'art n'aurait dû déserter.

CH. MONSELET. — Une simple question : de quoi vivront les dramaturges des boulevards pendant cet hiver, puisque d'Ennery a une pièce dans chaque théâtre de drame : Porte-Saint-Martin, Ambigu, Cirque, Gaîté?...

G. MATHIEU. — Ces gens-là n'ont point besoin de vivre ; ce ne sont point des lettrés.

TOURNIQUET. — Bah ! ils sont gourmands. Tenez, je parie que d'Ennery n'est pas encore satisfait !...

UNE VOIX DANS LA RUE

Air de la *Grâce de Dieu.*

Ayez pitié d'un pauvre maire
Qui va commencer sa saison
Avec *Valentin' Darmentière*
Et puis le *Lac de Glenaston* !
Le *Sacrific' d'Iphigénie*
Comme la *Prise de Pékin*
Ont fait une route fleurie,
Mais j' voudrais que *Paillass'* s'en r'vint,

Car vraiment c'est bien peu
Pour un modeste hébreu,
Et la *Grâce de Dieu*
Morbleu !
Fait bien d'entrer en jeu,
Mon Dieu !
Merci ! merci mon Dieu !

(Tous les convives jettent des bouts de ficelles dans la rue... Le chanteur les ramasse en répétant : *Merci mon Dieu!* — Tout à coup, l'on entend un aboiement, c'est le jeune V. Koning qui jappe aux mollets du chanteur, celui-ci se sauve rapidement. — L'incident n'a pas de suites).

TOURNIQUET. — Qu'est-ce que je disais?

ÉDOUARD DINOCHAU. — Qu'est-ce qui a demandé du pomard pour faire avaler cela ? (*Grand silence.*) Ah! tant pis! elle est débouchée ! Donnez des verres; c'est moi qui l'offre !

CH. MONSELET. — Le fait est qu'aujourd'hui l'on ne fait plus de pièces artistiques. Les drames se font pour les décors, les comédies pour les mollets.

Air : *Ton ton, ton taine, ton ton*

C'est sur la danse que l'on fonde
Le succès du *Pied de mouton*,
Ton ton, ton taine, ton ton.
Ce fut pour voir le fond de l'onde
Qu'on fit le *Lac de Glenaston*,
Ton ton, ton taine, ton ton.

De Pékin on a fait la *Prise*
Dans cette unique intention,
Ton ton, ton taine, ton ton.
De voir des glaces de Venise
Reflétant des femm's de carton,
Ton ton, ton taine, ton ton.

LE PETIT RAGEUR. — Et les théâtres ont beau faire de magnifiques décors, les auteurs sont encore obligés de s'accoupler pour produire quelque chose de passable. La collaboration est à l'ordre du jour.

CH. MONSELET. — Et où est le mal?... Dites-nous donc un peu la liste de ces mariages littéraires ?

ÉDOUARD DINOCHAU. — Avec tout cela, on ne boit pas !

F. DESNOYERS. — Silence, cabaretier !

LE PETIT RAGEUR. — J'en ai fait une chanson, la voici :

Air de *Malbrough*

Sur des airs populaires
Ereintons, éreintons nos confrères
Des hymens littéraires
Chantons le gai refrain !
Labiche avec ***Martin***
Se sont donné la main.

Pour faire des affaires
Ereintons, éreintons nos confrères)
Deux faiseurs peu vulgaires
Se ***collent*** à leur tour,
Siraudin, ***Delacour***,
Les dieux du calembour !

Puis, sans préliminaires
Ereintons, éreintons nos confrères),
Se passant de notaires,
Thiboust a pris ***Grangé***.
Je n'eus jamais songé
Qu'il eût ainsi changé.

Aux anciennes barrières,
(Ereintons, éreintons nos confrères),
On voit deux réfractaires
Qui sont assez connus.
C'est ***Brisebarre*** et ***Nus***.
Qu'ils soient les bienvenus

Dans les œuvres légères
Ereintons, éreintons nos confrères),
Paroliers sincères,
Ici je nommerai
J. Barbier et ***Carré***,
Et puis je me tairai.

Car les vocabulaires
(Ereintons, éreintons nos confrères
M'ont de rimes en ***aires***
Amplement saturé

CH. MONSELET. — Eh vous en oubliez beaucoup : Duvert et Lausanne, Devicque et Crisafulli, Dumanoir et Clairville, Blum et Flan, About et Sarcey... il n'en manque pas :

Air : *Dans les gardes françaises.*

Dans la loi naturelle
Cet accord est béni :
Le mâle et la femelle
Font ensemble leur nid (1).
Créer seul est un rêve
Rarement triomphant ;
Adam jamais sans Ève
N'aurait produit d'enfant !

LE PETIT RAGEUR. — Mais vous-même, Monselet, vous collaborez peu.

CH. MONSELET. — C'est vrai ! Je ne collabore pas du tout, et je produis peu, mais j'aime mieux cela... au moins, quand je vois réussir un de mes rejetons, je suis sûr d'en être seul le père.

(Entrée de clients sérieux, mais muets.)

ÉDOUARD DINOCHAU, *à Monselet.* — Reculez-vous, Monselet, il n'y a pas de place de ce côté et voici des clients sérieux.

CH. MONSELET. — Non, non ! je suis bien là !

ÉDOUARD DINOCHAU. — Mais il y a une place près de vous.

CH. MONSELET. — Oui... mais personne ne la prendra, — ni moi, ni d'autres !

(1) Le *d* est mis là pour l'orthographe et non pour la rime.

Air : *Hier en voyant une hirondelle* (paroles de H. Mürger, musique de Vernet).

Pauvre Mürger ! C'était ta place,
Hélas ! nous ne te verrons plus ;
Mais rien dans notre cœur n'efface
Les amis qui sont disparus !
Moi, j'entendis son cri suprême :
« Pas de musique, pas de bruit !
» Tout s'efface, pas de bohême !
» Au revoir ! adieu ! l'aube luit ! »

ÉDOUARD DINOCHAU. — Tu as raison... On se serrera un peu plus, et la place étant réservée, on croira qu'il n'est pas venu... on oubliera qu'il est mort.

CH. MONSELET. — On ne peut plus l'oublier ! Déjà on insulte sa tombe. Sa tombe qui n'est pas encore à lui... Quelques jours nous séparent de ce triste anniversaire ! Soyons tous présents, mes amis, — Mürger est un des martyrs littéraires de notre époque. — Pauvre, il a eu la lutte ; homme de talent, il a eu l'envie ; vivant, il a eu toutes les peines du monde : peines de cœur, peines d'argent, découragements, espérances déçues, en un mot il a souffert ; mort, on lui discute sa vie entière : ceux qui l'ont fait dieu brisent sa statue, l'amitié seule lui érige un tombeau !...

Air : *Je vous le dis en vérité.*

Figaro le premier s'avance,
Et, pour se faire pardonner
Plus d'une bonne médisance,
Se charge du dernier loyer !
Sous cette tombe qu'a sculptée
Le ciseau d'un sincère ami (1),
Et que notre cœur a votée,
Repose en paix, cher endormi

(1) AIMÉ MILLET, chevalier de la Légion d'honneur. — On se rappelle sans doute le résultat de la souscription : boursiers, gens de lettres, lecteurs, pauvres et riches, tout le monde voulut apporter sa pierre à ce tombeau. M. Millet s'est fait l'écho de tant de sympathies en faisant pour notre ami un véritable chef-d'œuvre de goût, de simplicité et de poésie.

Dinochau! — Donnez-nous de votre meilleur vin! — Des verres à tous, même à l'absent!... Buvons à la mémoire de Mürger! — Que son verre soit plein comme s'il devait le boire! — Ce sera la part du bon Dieu! et cela

portera bonheur au premier pauvre qui passera! — A la mémoire de Mürger! A sa vie! A sa mort! A ses œuvres!

(Toast.)

Scène II

LES MÊMES, L'OMBRE DE MURGER

A cette apparition un silence profond règne dans la salle, les convives n'osent boire.

L'OMBRE

Où suis-je? Quel est ce silence?
Pourquoi n'entendre plus le bruit
Du bal où ma maîtresse danse?
Comme il fait froid! comme il fait nuit

Ah! je sais!... mon propriétaire
A qui je devais un loyer
M'a forcé de quitter la terre,
Car je ne pouvais le payer!

Mais j'ai trouvé mon domicile
Dans le pays du souvenir!
Viens, *Mimi*, viens, ton cœur docile
A mon cœur peut encore s'unir!
Souviens-toi de nos amourettes
Du temps passé! — C'était si beau.
Viens! Si tu veux des violettes,
J'en cueillerai sur mon tombeau!

Voici *Musette!* l'infidèle!
Je te reconnais, c'est bien toi!
Mais non! — *Musette n'est plus elle*
Hélas! et *je ne suis plus moi!*
Mais toi, *Francine*, viens, frileuse!
Si tes mains sont froides, mon Dieu,
Je te ferai, mon amoureuse,
Un manchon de baisers de feu!

Ah! vous fuyez! Quoi! chères ombres,
J'ai donc troublé votre sommeil!
Pourtant c'était dans les nuits sombres
Que nos cœurs étaient en éveil...
Venez boire, ombres taciturnes,
Avec le pauvre délaissé :
Pour coupe nous aurons nos urnes
Et pour champagne le passé!

Venez toutes! Viens, toi, *Marie*
Tu retrouveras *Olivier*.
Notre âme était endolorie
Dans notre rendez-vous dernier!
Petite *Rose*, ô ma grisette!
Je suis l'*Armand* qui t'adora ;
Viens sans chapeau, viens sans toilette
Madame Olympe n'est pas là!

Et toi, petite guitariste,
Qui chantais à l'estaminet,
Je suis devenu coloriste
En faisant sauter ton bonnet !
Viens, *Chéchina*, charmant modèle,
Comme au temps qui n'existe plus,
René retrouvera, ma belle,
La clef des Paradis perdus!

Venez toutes!... Pauvre *Christine*,
Lucien t'appelle sous cet if ;
Et toi, délicate *Adeline*,
Lazare est là, triste et pensif!
Mariette, c'est moi, c'est *Claude!*
Camille, *Théodore* est là...
Et sous les sapins l'Amour rôde...
Oh ! la belle nuit que voilà!

L'ombre s'éloigne lentement, — les convives sont très émus. — Un joueur d'orgue, dans la rue, joue l'air des *Bohémiens de Paris*.)

CINQUIÈME TABLEAU

LE CASINO CADET

Bal de nuit, il est deux heures du matin ; le bal est dans toute sa splendeur, l'orchestre joue les plus brillants quadrilles. — Peu à peu, sans qu'aucun des danseurs puisse s'en apercevoir, les portraits en pied qui se trouvent le long des murs sortent de leurs cadres, et les femmes qu'ils représentent se mêlent avec les danseurs, bientôt autour de ces personnages invisibles se groupent d'autres ombres de l'époque : marquis, gentilshommes, petits abbés, etc. Ces deux sociétés, celle du dix-huitième siècle et celle du dix-neuvième, se coudoient sans se confondre et sont invisibles l'une pour l'autre. Tourniquet qui, en sortant de chez Dinochau est venu passer quelques heures dans ce bal, erre çà et là en prenant des notes.

Scène I

Mme DE TENCIN, Mme DE GENLIS, Mme DESHOULIÈRES, Mlle DUCHESNOIS, RACHEL, Mme DE GIRARDIN, LA MAUPIN, LA GUIMARD, LA SALLÉ, LA CLAIRON, Mlle DE SCUDÉRY, Mme DE STAEL. — RIGOLBOCHE, ALICE LA PROVENÇALE, FINETTE LA CRÉOLE, ROSALBA. — *Personnages muets* : TOURNIQUET, LE CHEVALIER DESTOUCHES, JULES JANIN, PELLISSON. — PETITS ABBÉS, GENTILHOMMES, VIEILLARDS, DANSEURS, ETC., ETC.

MADAME DE TENCIN, *au chevalier Destouches*

Venez donc, chevalier, laissez ces péronnelles!
Çà, voyons, votre bras, de grâce... je le veux!

MADAME DE GENLIS, *retenant un petit abbé.*

Ne vous envolez pas, beau coureur de ruelles!

MADAME DESHOULIÈRES, *seule et sentimentale.*

Moutons! petits moutons, que vous êtes heureux

RIGOLBOCHE, *exécutant son fameux pas.*

Air : *Du Tra.*

Moi je suis Rigolboche,
Une célébrité!
J'adore la bamboche
Et la volu-peté!
Mais j'aime mieux la danse
Avec des pieds de né...
Vive l'*Indépendance*
Et mon ami *Mané*!
Moquons-nous d'ça
Tra la la la!
Malgré tout ce qu'on dira
Jamais rien ne surpassera
Ce cancan-là!

LA DUCHESNOIS, *apercevant quelques vieillards.*

J'aperçois mes flatteurs.

RACHEL, *voyant passer Jules Janin.*

J'entrevois mes couronnes!

MADAME DE GIRARDIN, *à des gens de lettres.*

Voici mes vieux amis!

LA SALLÉ, *à des gentilshommes.*

Venez, mes amoureux!

LA GUIMARD, *regardant l'orchestre.*

Les violons bientôt vont jouer des chaconnes.

MADAME DESHOULIÈRES, *encore sentimentale.*

Moutons! petits moutons que vous êtes heureux!

ALICE LA PROVENÇALE, *faisant le grand écart.*

Air : *Cocu, cocu mon père.*

C'est moi qui suis Alice ;
Je ne suis pas novice,
Et fais le grand écart
Aussi bien que Chicard!

MADEMOISELLE DE SCUDÉRY, *à Pellisson.*

Ah! mon cher Pellisson, sur le fleuve du Tendre,
Dans la nef du Désir embarquons-nous tous deux!

MADAME DE STAEL, *se dissimulant derrière une colonne.*

L'Empereur, en ces lieux, ne saurait me surprendre!

MADAME DESHOULIÈRES, *toujours sentimentale.*

Moutons! petits moutons, que vous êtes heureux!

FINETTE LA CRÉOLE, *dansant les bras en l'air.*

Air : *Messieurs les étudiants.*

Que l'on fasse la cour
A la belle Finette,
Grande dame le jour,
Le soir plus que lorette!
Toujours *(ter)*
Sans cœur et sans amour!
Et youp! youp! youp! tra la la la la! *(4 fois)*

LA MAUPIN, *à la Clairon.*

Tu sais que dans le sang, moi je lave une injure,
Si tu prends mes amants...

LA CLAIRON, *dédaigneusement.*

Bah! je me moque d'eux.
Le margrave d'Anspach me suffit, je t'assure!

MADAME DESHOULIÈRES, *plus que jamais sentimentale.*

Moutons! petits moutons, que vous êtes heureux!

ROSALBA, *faisant la roue.*

Air : *Refrain des P'tits Agneaux.*

Ohé! mon p'tit Arban!
Qu' ton piston pistonne!
Dans cet établiss'ment
Il faut qu'il résonne!
Comme jadis au Prado
J' danse avec furie,
Arrièr' la galerie!
Viv' le Casino!

(La danse continue.)

Scène II

LES MÊMES, CELLARIUS, LABORDE, MARKOWSKI

(Ils se promènent tristes et abattus.)

LABORDE. — Qu'est-ce que je vais faire de ma maison de 120,000 francs, maintenant que je ne puis plus donner des bals de nuit?... J'ai envie de la proposer à Arban pour en faire un *Casino aîné*, avec le *cadet*, ça lui en ferait deux.

CELLARIUS. — Ruiné... je suis ruiné... c'est à se brûler la cervelle... Les caboulots ont réclamé, sans doute, c'est ce qui nous vaut cela.

MARKOWSKI. — Pôfre Pologne! du seras tonc tuchurs obrimée!... che n'ai plus maintenant qu'à me faire modiste, ch'aurai certainement une clientèle choisie...

ALICE LA PROVENÇALE. — Tè! Qu'est-ce que tu as donc, mon petit Marko, tu as une larme dans les paupières?

MARKOWSKI. — Chi ni pouis plus vi faire danser après minuit!

ALICE LA PROVENÇALE. — Eh bien, nous irons chez Cellarius...

CELLARIUS. — Ni moi non plus, ma fille, je ne puis plus rien... après minuit.

ALICE LA PROVENÇALE. — Tè! mes enfants! consolez-vous! Alice la Provençale trouvera bien à se caser... Et Laborde donc!

LABORDE. — Hélas! je suis comme eux!

ALICE LA PROVENÇALE. — Ah! Pécaïre! Mon pauvre Markowski, je te plains de tout mon cœur!

RIGOLBOCHE, ROSALBA ET FINETTE, *arrivant*. — Ah! mon pauvre Markowski!

(Elles pleurent sur le gilet blanc de Markowski.)

Scène III

LES MÊMES, LE JARDIN D'ACCLIMATATION (1)

LE JARDIN D'ACCLIMATATION. — Qu'est-ce c'est? des larmes

(1) Comme ce *Jardin*, qui vient dans un *Bal*, est bien Revue moderne.

au milieu d'une fête! Allons, allons mes petites gazelles séchez vos beaux yeux et contez-moi votre peine...

ALICE LA PROVENÇALE. — Sans asile!

ROSALBA. — Sur le pavé!

RIGOLBOCHE. — Dans le macadam, jusqu'au cou, quoi!

LE JARDIN D'ACCLIMATATION. — Eh bien, mes petites biches, vous n'avez donc pas songé à moi?

TOUTES. — Vous, qui êtes vous!

LE JARDIN D'ACCLIMATATION. — L'ami de la nature!

Air : *La bonne aventure, ô gué!*

J'ai le plus beau des jardins,
Certes je m'en flatte!
Gazelles, biches et daims,
Je les acclimate!

RIGOLBOCHE, ROSALBA, FINETTE et ALICE

N'allez pas nous rejeter,
Il faut nous acclimater!

LE JARDIN D'ACCLIMATATION

La chose m'épate
O gué!
Oui, cela m'épate!

Vrai je ne m'attendais pas à cela! mais puisque vous acceptez, je vous mettrai dans la section des rongeurs! C'est à côté de la cage des lions! En route!

TOUTES. — En route pour le Jardin d'acclimatation!

(Elles sortent avec le Jardin d'acclimatation; peu à peu la salle se vide, les danseurs sortent et les ombres viennent se replacer dans leurs cadres. On voit dans le lointain le caissier se frotter les mains Il vient de compter sa recette. Tourniquet qui, pendant le bal s'est endormi, rêve le tableau suivant (1).

(1) Comme c'est habilement amené. (*Note de l'auteur.*)

SIXIÈME TABLEAU

LES BANQUES DU RHIN

(Le rêve de Tourniquet.)

Le théâtre représente un salon de jeu dans une ville d'eaux, sur les bords du Rhin.

SCÈNE UNIQUE

LES BANQUES DE WIESBADEN, BADE ET HOMBOURG. — CROCOR. — PUIS NOTRE-DAME DE COMPOSTELLE.

Air : de *Saltarello.*

CHŒUR DES BANQUES

Serrons nos rangs ; qu'on se soutienne !
Ecartons de nous les veinards...
Taillez, croupiers, et que la veine
Demeure sous vos étendards !
Quel est cet homme à tête brune
Qui nous attaque de sang-froid ?
Il va nous laisser sa fortune ;
Mais non !... il gagne, sur ma foi !

LA BANQUE DE BADE, *commençant à sauter*

Je ne sais pas ce qui se passe,
Mais je ressens un tremblement.
Je ne puis plus rester en place ;
Oui... je saute !... c'est évident

LA BANQUE DE WIESBADEN, *s'agitant fébrilement*

Et moi, je suis tout inquiète ;
Assise je ne puis rester...
J'éprouve un affreux mal de tête...
On dirait que je vais sauter !...

LA BANQUE DE HOMBOURG, *sautant coup sur coup*

Et moi, je saute, saute, saute!
Jamais ainsi je n'ai sauté!
Ce petit Espagnol, mon hôte,
Me secoue avec volupté!

CROCOR, *fièrement*

Croyez-vous donc, banques fatales,
Qu'on pourra nous ruiner encor?
Nous avons le fil des dédales
Où vous engloutissez notre or!
Moi, Caramba! je crois utile
D'abolir tous les jeux du Rhin;
Et mon *maximum des six mille*
Sert heureusement mon dessein!

(A ce moment Crocor chancelle.)

LA BANQUE DE BADE, *plus calme*

Cet intrus me met en colère!...
Tiens! me voici bien plus d'aplomb!
Je me sens un peu moins légère:
L'or revient... plus lourd que du plomb!

LA BANQUE DE WIESBADEN, *tout à fait remise*

Bah! c'était une fausse alerte!
Si je n'ai rien pris à Crocor,
Du moins je n'ai pas eu de perte,
Un autre apportera de l'or.

LA BANQUE DE HOMBOURG, *ne sautant plus*

La crise n'est pas formidable,
J'ai les reins sûrs, — on le sait bien! —
Je croyais Crocor plus capable...
... Mais il ne possède plus rien!

CROCOR, *commençant à s'agiter*

Caramba ! quel est ce vertige !
Où disparaît chaque florin ?
Je vais perdre tout le prestige
Que j'avais sur les bords du Rhin.

(*Il se met à genoux.*)

Notre-Dame de Compostelle,
Soutenez-moi !... je fais le vœu
De vous entourer de dentelle
Si vous pariez dans mon jeu !

NOTRE-DAME DE COMPOSTELLE, *apparaissant*

Jadis, j'ai protégé tes chances,
Tu m'as dit : « Je ne jouerai plus ! »
Puis voilà que tu recommences...
Tes efforts seront superflus !

(*Elle disparaît.*)

CROCOR, *avec rage*

Eh bien ! que l'Enfer me protège !
Vœux superflus ! Triste réveil !
Ma bourse fond comme la neige
Aux premiers rayons du soleil !

(*Sautant vivement.*)

Je saute, saute, saute, saute,
Je saute au point d'être essoufflé,
Ma rate gonfle !... — quelle faute ! —
Que de trésors on m'a soufflé !
Tapis vert, tu m'es infidèle !
Tiers et tout reviens vivement !
Pourquoi, *série*, es-tu rebelle ?
Noire ! — c'est moi ton fol amant !
Adieu ma veine, adieu ma gloire !
Adieu mes beaux plaisirs d'été !
Qu'ai-je à faire ?... sinon de boire
L'onde oublieuse du Léthé !

CHŒUR DES BANQUES, *sautant*

Il a sauté, le camarade !
Sautons toutes, mais de plaisir !
Nous croyons qu'il est bien malade...

CROCOR, *d'une voix sinistre*

Dans un an, je vais revenir !

(*Effroi général. — Les banques cessent leur danse et se rapprochent.*)

CHŒUR DES BANQUES

Serrons nos rangs, qu'on se soutienne !
Ecartons de nous les veinards...
Taillez, croupiers ! et que la veine
Demeure sous vos étendards !

(*Les banques se serrent l'une contre l'autre, Crocor les passe fièrement en revue, les croupiers battent aux champs. — Tableau.*)

SEPTIÈME TABLEAU

JUD ET JUNIUS

Le théâtre représente le boulevard Montmartre à trois heures du matin. — Les becs de gaz sont allumés. — Dans l'ombre, on voit errer des personnages mystérieux. — Les balayeurs font la toilette du macadam. — Tourniquet, qui s'est déguisé en balayeur, ne perd pas un mot des scènes suivantes.

Scène Ire.

LES BALAYEURS

CHŒUR DE BALAYEURS

Air : *Larifla, fla fla.*

Balayer le boul'vard
A trois heur's du matin,
Pour ne pas s' lever tard
V'là le meilleur moyen!
Balayons! yon, yon (*sexter*).

(Les balayeurs s'éloignent).

Scène II

JUD, *sortant d'une colonne-affiche*, JUNIUS, *caché sous une porte-cochère.*

JUD. — Personne encore ! Oh ! quel métier !

JUNIUS. — Et rien ! rien ! pas de nouvelles !

JUD. — Que faire ?

JUNIUS. — Qu'écrire ?

JUD. — Je suis condamné à mort ! impossible de me montrer.

JUNIUS. — On ne me trouve pas si fort que cela, impossible de quitter mon incognito.

JUD. — O l'avenir !

JUNIUS. — O la gloire !

JUD

Air : *Mon galoubet.*

En chemin d' fer ! (*bis*)
Je ne manquais pas de ressource,
En chemin d' fer ! (*bis*)
J'étais aussi libre que l'air.
Maintenant, j'ai fini ma course ;
Je ne détourne plus de bourse...
En chemin d' fer ! (*quater*)

JUNIUS

Fair' mon chemin (*bis*)
Telle était ma seule espérance,
Fair' mon chemin (*bis*)
Cela du jour au lendemain !
Mais tombé dès que je commence,
Je m' tromp' si dans l' *Figaro* j' pense
Fair' mon chemin ! (*quater*)

(*Junius rentre sous sa porte-cochère.*)

Scène III

LES MÊMES, PONSON DU TERRAIL, *entrant mystérieusement.*

JUD. — Quelqu'un ! C'est peut-être un gendarme !

JUNIUS, *à part.* — Un inconnu !... Va-t-il me fournir une nouvelle ?

JUD, *à Ponson.* — Je te connais, tu es Ponson ! Je t'attendais !

PONSON. — Je suis Ponson! mais toi tu es Jud, et je te cherche!

Scène IV

LES MÊMES, PAUL BOCAGE, *apparaissant tout à coup*

PAUL BOCAGE. — C'est bien! Je sais vos noms et vous ignorez le mien! donc je suis plus fort que vous!

Scène V

LES MÊMES, GUSTAVE AIMARD

GUSTAVE AIMARD. — Oui, mais tu n'es pas plus fort que moi!

JUD. — Ciel! un Indien!... un concurrent peut-être?

GUSTAVE AIMARD. — Non! je n'opère qu'en Amérique! Mais maintenant qu'on s'y tue pour tout de bon, j'ai envie de changer de pays. Comme les nègres fugitifs, me voici romancier marron...

PAUL BOCAGE. — Romancier marron d'Inde!

GUSTAVE AIMARD. — Un mauvais mot!... Oh!.. Enfin, ne soyons pas *puritain*! Pour terminer et conclure, c'est à Jud que je viens demander des situations.

PONSON. — Comme moi!

GUSTAVE AIMARD. — Comme moi!

Scène VI

LES MÊMES, PAUL FÉVAL

PAUL FÉVAL. — Comme moi aussi! moi Féval! Féval

le Breton! m'oublieras-tu? Jud, souviens-toi des *Mystères de Londres*!

PAUL BOCAGE. — Souviens-toi des *Puritains de Paris!*

PONSON DU TERRAIL. — Souviens-toi des *Drames de Paris!*

GUSTAVE AIMARD. — Souviens-toi de *Balle franche!*

Scène VII

LES MÊMES, ALEXANDRE DUMAS

ALEXANDRE DUMAS. — Souviens-toi des *Mohicans de Paris!*

JUD. — Ah! perdu! perdu!... qu'on me conduise à l'échafaud! Jamais je ne pourrai alimenter tant de romanciers.

Air : *Complainte du Juif-Errant*.

Est-il rien sur la terre
Qui soit plus désolant
Que le sort léthifère
Du pauvre Jud errant,
Forcé de tuer beaucoup
Pour conserver son cou!

A la littérature
Il fournit chaque soir
Drames d'après nature,
Coups d' couteau, coups d' rasoir!
Les coups d' pied, les coups d' poing
Font qu'on ne le coup' point!

Il tue, il vole, il pille,
C'est un franc assassin!

N'a-t-il pas un' famille
Qui lui demand' du pain,
Et des littérateurs
Qui vivent de ses sueurs !

Ponson, Féval, Boca:e,
Aimard et vous Dumas,
Je n' manque pas de courage,
Mais n' me tourmentez pas...
Si l'on veut *s'ostiner*
Je vais m'assassiner !

Ponson, Féval, Bocage, Aimard et Dumas le supplient à genoux de ne pas attenter à ses jours dans l'intérêt de l'art. On entend un éclat de rire satanique.

BOCAGE. — Qu'est-ce à dire ?

AIMARD. — C'est un appel dans la Savanne.

PONSON DU TERRAIL. — Si c'était Junius ?

JUNIUS, *apparaissant.* — Oui ! c'est Junius ! C'est lui-même qui va dévoiler vos turpitudes, qui dira au monde entier la source où va puiser votre imagination. Ah ! vous n'avez pas assez de la *Gazette des Tribunaux !* Attendez, corrupteurs de l'esprit public, je vais vous écraser sous le talon... de ma plume.

DUMAS, *inspiré.* — Jud ! Jud ! Tue-le, ça nous fera un feuilleton !

TOUS. — Oui ! oui ! A mort le Junius !

JUNIUS. — Soit ! Qu'il me tue... mais personne ne saura mon nom !

TOUS. — Jud ! Jud ! tue-le !

JUNIUS. — Qu'il me tue ! Mais de ma cendre renaîtront un tas de petits Junius qui vous tailleront des croupières !

TOUS. — Jud ! Jud ! tue-le !

(Jud tue Junius. — A ce moment, le boulevard se remplit d'ombres qui se rapprochent peu à peu.)

Scène VIII

LES MÊMES. — LES FAUX JUNIUS

CHŒUR DE FAUX JUNIUS

Air : *On va lui percer le flanc.*

Jud vient de percer son flanc !
V'li ! v'lan !
Brusquement
Mais élégamment !
Pour le venger promptement
Nous accourons en masse !
Quoi qu'on dise ou qu'on fasse,
Nous tiendrons bien sa place,

Et cinglerons carrément
V'li! v'lan!
Rantamplan!
Tire lir, ramplan!
Le feuilleton endormant
Et le roman stupide!
A bas la phrase vide!
L'alinéa cupide!

Nous pardonnerons pourtant
V'li! v'lan!
Rantamplan!
Tire lir, ramplan!
A l'auteur intéressant
Et qui n'est pas vulgaire!
Tâchez donc de nous plaire
Le tout est de bien faire

Ou sans cela rudement
V'li! v'lan,
Rantamplan!
Tire tir, ramplan!
Nous pourrons facilement
Vous flanquer tous à terre!

Les Romanciers effrayés reculent devant la foule de *faux Junius* et se sauvent en emmenant *Jud.* — Les *faux Junius* ramassent le cadavre de *Junius* et l'emportent. — On aperçoit dans le lointain *Ch. Baudelaire* étudiant une charogne. — *Philoxène Boyer* aboyant à la lune, et *Champfleury* ramassant des pots cassés; les balayeurs repassent et chantent leur chœur. — Tourniquet les quitte et va se coucher.)

FIN DU PREMIER ACTE.

ACTE SECOND

HUITIÈME TABLEAU

UNE CALÈCHE A L'HEURE

Le théâtre représente la gare du chemin de fer d'Orléans à l'arrivée du train de huit heures. — Voitures, calèches, omnibus, voyageurs.

NOTA. — On va voir dans ce tableau le personnage de Bézuchon qui servira de compère et donnera la réplique à Tourniquet. — Moyen ingénieux pour ranimer l'action qui commence à s'affaiblir.

Scène première

TOURNIQUET. — Comme moyen, je crois que c'est ingénieux ! Oui, si je puis mettre la main sur ce brigand de Jud qui m'a échappé l'autre soir, je suis sûr d'avoir énormément de renseignements. Je connais ses appétits, les affaires en ville ne lui vont pas, il a la manie des chemins de fer, — il trouve que cela va plus vite !... Bon, voici l'arrivée du train, guettons !

Scène II

TOURNIQUET, BÉZUCHON, VOYAGEURS.

TOURNIQUET, *suivant Bézuchon.* — Je le tiens !... c'est bien lui : la cicatrice est au grand complet ! Attends, attends, mon bonhomme, tu vas voir !

(Bézuchon monte dans une calèche, Tourniquet y monte de l'autre côté.)

BÉZUCHON. — Ah ! pardon, monsieur, vous aviez retenu cette voiture ?

TOURNIQUET. — Oui, monsieur ; mais cela ne fait rien, je vous en prie, montez avec moi, nous ferons route ensemble, toutes les autres voitures sont prises.

BÉZUCHON. — Je craindrais d'être indiscret...

TOURNIQUET, *à part.* — Fadasse, va ! (*Haut.*) Du tout, du tout ! Où allez-vous ?

BÉZUCHON. — Mon Dieu ! je n'ai pas d'hôtel... le premier venu, pourvu qu'il soit au centre...

TOURNIQUET. — Permettez-moi de vous guider. Cocher ! à l'heure ! Suivez les quais.

(La voiture roule sur place. — Au fond du théâtre un panorama se déroule.)

BÉZUCHON. — Comme Paris se métamorphose ! De tous côtés des démolitions et des constructions nouvelles !

TOURNIQUET. — Si vous voulez, nous visiterons tout cela ! tenez, voilà le boulevard Saint-Germain, cocher ! prenez par là et redescendez par le boulevard Sébastopol !

(La voiture roule... On passe devant la fontaine Saint-Michel)

BÉZUCHON. — Qu'est-ce que cela ?

TOURNIQUET. — La fontaine Saint-Michel.

BÉZUCHON. — Ah !

Air : *de Mazaniello*

Cette fontaine est magnifique,
Saint Michel doit être enchanté !
Cette architecture aquatique
Est élégante en vérité !

TOURNIQUET

De juger, je me sens capable,
Aussi, monsieur, croyez-moi bien :
Saint Michel ne vaut pas le Diable } *Bis.*
Et ce Diable-là ne vaut rien ! }

BÉZUCHON. — C'est fâcheux !

(On arrive sur la place du Châtelet, où se construisent les nouveaux théâtres : le Cirque-Impérial et le Théâtre-Lyrique.)

BÉZUCHON

Air : *de l'Apothicaire*

Quels sont ces deux grands monuments
Dont les façades sont modernes ?

TOURNIQUET

C' sont des théâtres charmants
Mais ayant l'air de deux casernes !

BÉZUCHON

Alors, ces théâtres, un jour
A l'art ouvriront des issues...

TOURNIQUET, *haussant les épaules*

I's ont l'air trop casernes pour } *bis.*
N'y pas jouer que des *Revues !* }

(La voiture prend par la rue de Rivoli et arrive aux magasins du Louvre. — Bézuchon, tout le long du chemin, a dit une foule de niaiseries. — A la vue des tapis et des dentelles du grand magasin de nouveautés, il tombe en extase et ne peut s'empêcher d'interroger Tourniquet.)

BÉZUCHON. — Sans doute, voici l'Exposition de l'Industrie !...

TOURNIQUET. — Du tout, cher monsieur, c'est la Maison du Louvre.

Air : *de la Sentinelle*

Ce magasin, plein d'étoffes de prix,
Des gens de goût sait attirer l'élite,
Car c'est le seul, oui, le seul dans Paris
Dont la richesse est vraiment sans limite
De l'attaquer, on tenterait en vain;
Des magasins, c'est l'unique modèle.
Il vivra toujours, c'est certain,
Il a le Louvre pour parrain
Et la France pour clientèle (*bis*) !

BÉZUCHON. — Est-ce que vous avez des actions dans la maison ?

TOURNIQUET. — Moi, non ! Pourquoi cela ?

BÉZUCHON. — C'est que vous vantez pas mal cet établissement-là ! Si vous étiez journaliste, je vous dirais que vous écoulez une réclame.

(La voiture entre dans la rue de Valois-Palais-Royal.)

TOURNIQUET. — Ne dites donc pas de bêtises, nous allons passer devant un grand journal : le *Constitutionnel.*

BÉZUCHON. — Faudra-t-il saluer ?

TOURNIQUET. — Du tout ! et pendant que nous allons gagner le boulevard, je vais, si vous voulez, vous faire une petite physiologie des grands journaux.

BÉZUCHON. — Volontiers !

TOURNIQUET

Air : *Ne raillez pas la garde citoyenne.*

Les grands journaux, ces pachas de la Presse,
En ce moment changent de rédacteurs,
Et pour vous mettre au courant, je m'empresse
De vous citer les noms des mutateurs.
De Louis Véron d'abord la fantaisie
Fut de reprendre un jour le *Constitu-*

Tionnel avec cette troupe choisie
Dont le dernier troubadour est Vitu.
On ne voit plus dans ses vastes co'onnes
Le Grandguillot, son fidèle cornac,
Il a laissé sa place et ses couronnes
A l'Adonis qu'on nomme Limayrac.
Pour Grandguillot il remise son style
Et son cheval au journal le *Pays* :
Œil, dent, cheveu, style, tout est utile
Lorsque l'on veut réussir à Paris.
De Saint-Victor, j'aime la pétarade,
Style brillant, vrai décor d'opéra,
Sans lui vraiment la *Presse* serait fade,
En exceptant pourtant Gaiffe et Peyrat.
Au *Siècle* on voit le gai La Bédollière,
A son banquet conduisant Ratazzi,
Puis de Biévil e et d'Auriac, l'éphémère,
Suivant Havin, vaincu de Thorigny.
Le *Temps*, issu des feuilles démocrates,
Est gravement dirigé par Neffzer.
Citons pourtant des plumes délicates :
Claude Vignon, Ulbach et Jean Weber.
Dans la *Patrie* il faut que je m'égare,
Je l'aime peu, je ne puis le nier,
L'économiste appelé Delamarre
Me semble aussi naïf qu'Edouard Fournier
Pour les *Débats* j'ai l'estime classique
Qu'on a pour ceux qui savent le latin.
De Paradol j'aime le style attique,
Comme lettré j'adore assez Janin.
Pour clore enfin la liste des mer cilles
Des grands journaux, citons l'*Opinion*,
Où de Sarcey se montrent les oreilles
Et de Guéroult l'active ambition.
Tous ces journaux dirigent notre France,
Les *débiner* serait de mauvais goût,
Aussi j'en dis bien moins que je n'en pense :
Je suis Français ! mon pays avant tout !

BÉZUCHON. — C'est très bien, cela ! Seulement, vous avez l'air de plaisanter.

TOURNIQUET. — Pas le moins du monde !... Ah ! cocher, arrêtez !

BEZUCHON. — Est-ce que nous sommes arrivés à l'hôtel?

TOURNIQUET. — Du tout, je descends ici cinq minutes, le temps de changer de vêtement, c'est Kerckoff qui m'habille, je ne puis pas avoir d'autre tailleur :

Air : *Nous nous marierons dimanche*

Jamais un tailleur
Ne me fit l'honneur
D' m'habiller à ma conv'nance.
De Kerckoff pourtant
J'aime le talent,
Son habit a d' l'élégance.
Léger, bien fait,
Il est parfait,
Commode.
Seul à Paris
Il fait, je l' dis,
La mode.
Bref, le sieur Kerckoff
Est l' plus *chocnosoff*
Des tailleurs dont j' m'accommode!

BEZUCHON. — Ah! cette fois, vous ne nierez pas que c'est une réclame. Je parie qu'il vous habille pour rien, votre tailleur.

TOURNIQUET. — Du tout, mais je vois que vous avez hâte de rentrer... En route!

(La voiture suit les boulevards et s'arrête devant l'exposition Disdéri.)

Ah! pour le coup, montons dans ce musée ; vous allez y voir des merveilles.

(Ils descendent de voiture, le panorama se déroule de nouveau et montre l'exposition de Disdéri. — Tous les anciens salons du Jockey-Club sont convertis en musée photographique. — On voit le long des murs depuis des portraits grandeur naturelle, jusqu'à des épreuves lilliputiennes, tout ce que la photographie peut produire de plus curieux et de plus remarquable se trouve là. — Toutes les illustrations du monde y sont représentées. — Disdéri se promène dans les salons.)

Scène III

LES MÊMES, DISDÉRI

TOURNIQUET, *après avoir promené Bézuchon dans tous les salons.* — Eh bien, que dites-vous de cela?

BÉZUCHON, *ébahi.* — C'est splendide!

TOURNIQUET

Air : *de Pandore*

Disdéri, ce grand photographe,
A là plus de cinq cents portraits,
Tous accompagnés du paraphe
De ses très illustres sujets.
Tous ici sont de la noblesse
Par leur génie ou par leur nom.

BÉZUCHON

Tourniquet, oui, je le confesse, } *bis.*
Tourniquet, vous avez raison ! }

TOURNIQUET. — Tenez, voici, près de l'Empereur, des princes, des ducs, des généraux, des hommes politiques, des historiens, des peintres : Ingres, Decamps, Thiers, Guizot, je ne puis vous les nommer tous. De ce côté, voici des artistes dramatiques, des chanteurs, des danseuses :

BÉZUCHON. — Ah! leurs noms ?...

TOURNIQUET

Même air

Celle-ci, cher ami, s'appelle
Adélaïde Ristori,
Cette autre délicate et frêle
Est la charmante Emma Livry.
De Lagier voici la figure,
Voici Duprez, Roger, Samson...

C'est admirable! étourdissant!

BÉZUCHON

C'est très beau, cela, je vous jure, } *bis.*
Tourniquet, vous avez raison !

(Bézuchon reste ébahi devant le magnifique portrait en pied du général Jusuf, qui a 130 c. sur 195.)

DISDÉRI, *le photographiant.* — Ne bougeons plus !

(Quand le portrait est terminé, Tourniquet et Bézuchon sortent et remontent en voiture. — Le Panorama se déroule de nouveau et montre tour à tour : le nouvel Opéra, l'hôtel de la Paix, le boulevard Malesherbes, le bois de Vincennes, le boulevard du Prince-Eugène, le canal souterrain, etc., etc.)

FIN DU DEUXIÈME ACTE.

ACTE TROISIEME

NEUVIÈME TABLEAU

LE THÉATRE DE POLIC INELLE

Le théâtre représente le jardin des Tuileries. — Au fond, dans un massif d'arbres, on voit le *Théâtre de Polichinelle*. — La scène forme la salle dudit théâtre. — Les ouvreuses pimpantes sont à leur poste et reçoivent l'argent et le public. — C'est un *jour de première!* Toute la presse est à son poste, et les directeurs des théâtres voisins ont fait retenir des places. — On va jouer l'œuvre du maëstro *Desnoyers* (*Fernand*). — L'auteur, modestement, se tient aux premières places. — Son frère, *de Biéville*, est près de lui.

Scène I

FERNAND DESNOYERS, DURANTY, DE BIÉVILLE, UNE OUVREUSE, LE JOUEUR DE VIOLON, BÉZUCHON, TOURNIQUET, PUBLIC.

FERNAND DESNOYERS. — Cette petite salle est vraiment charmante. — C'est le soleil qui dore les corniches de ces marronniers. Cela est tout simplement merveilleux.

DURANTY. — L'idée de ce théâtre m'est venue tout à coup. Je crois avoir fait quelque chose pour l'art! Si je ne réussis pas, j'espère obtenir le privilége de l'Odéon, à l'*issue* de La Rounat... comme indemnité.

DE BIÉVILLE. — Si vous y jouez des vaudevilles, pensez à moi; vous savez, je suis des bons!

DURANTY. — Je n'y manquerai pas.

L'OUVREUSE, *à un monsieur qui veut entrer.* — Mais Monsieur, il n'y a pas ici d'entrées de faveur ; on ne peut pas entrer sans payer, et puis vous êtes tout mouillé, vous allez refroidir la salle.

DURANTY. — Qu'est ce que c'est... Ah ! entrez donc, cher ami.

Scène II

LES MÊMES, LE CHALET DES ILES.

LE CHALET DES ILES, *à l'ouvreuse.* — Rappelez-vous bien mon nom :

Air : *Il pleut bergère*

J' suis le Chalet des Iles,
Un théâtre d'été,
Où le public des villes
M' laisse en tranquillité.
Ma saison est finie.
Je renais au printemps,
Pour jouer les jours de pluie,
Et non pendant l' beau temps !

DURANTY, *au Chalet des Iles.* — Et êtes-vous content ?

LE CHALET DES ILES. — Enchanté ! Toute la saison, j'ai joué la même pièce : *Les Amours d'un Shah !*

DURANTY. — Un vrai succès !

LE CHALET DES ILES, *à part.* — Je n'avais pas d'autre pièce à jouer.

DURANTY. — Ah ! voici du monde...

Scène III

LES MÊMES, LE CIRQUE, L'HIPPODROME

L'OUVREUSE. — Votre nom, monsieur?

LE CIRQUE

Air de *Drin, drin.*

Je suis le Cirque, une arène éternelle,
Pour le cheval comme pour l'écuyer;
Mon personnel ne manque pas de selle,
Et tous ils ont le pied dans l'étrier.
Drin! drin!

L'OUVREUSE. — Passez. — Et vous, monsieur?

L'HIPPODROME

Même air.

Pour moi, je suis le fameux Hippodrome,
Aux chars dorés, avec suspensions;
Et mon renom, fantastique fantôme;
En prospectus, descend de mes ballons...
Drin! drin!

DURANTY. — Tenez, voici des places!

FERNAND DESNOYERS, *au Joueur de violon.* — Tu sais, ménétrier, que mon œuvre est tout simplement un chef-d'œuvre; comment comptes-tu l'accompagner sur ton instrument?

LE JOUEUR DE VIOLON. — En sourdine, monsieur, en sourdine!

FERNAND DESNOYERS. — Bien! au moins on entendra mes vers!... — Mais, malheureux, tu n'as qu'une seule corde à ton violon!

LE JOUEUR DE VIOLON. — Ça ne fait rien, monsieur, c'est la bonne!

DURANTY. — Ah! voici la critique!

Scène IV

LES MÊMES, FIORENTINO, J. JANIN, DE SAINT-VICTOR, THÉOPHILE GAUTIER, SARCEY, ULBACH, Ed. FOURNIER. *Sur le théâtre des Marionnettes :* POLICHINELLE, LA MÈRE GIGOGNE. ACTEURS.

SARCEY, *se grattant le haut de l'oreille* A BOUT *de bras,* — About n'a pu m'accompagner ; je ne vais rien comprendre à tout cela.

J. JANIN, *à Duranty.* — *Sine parvulos ad te venire.*

DE SAINT-VICTOR. — Le *mirifisme* de ce théâtre envahit tout mon être.

ULBACH. — Asseyons-nous !

ED. FOURNIER. — J'allais le di e !

TH. GAUTIER. — Il est fâcheux qu'on ne joue pas ici une pièce de Sardou, notre *re*Molière !

(Le joueur de violon racle sa corde unique, le rideau se lève : pendant dix minutes on n'entend que des coups de bâton. Enfin on peut ouïr la scène suivante.)

POLICHINELLE

« Eh voici la maman Gigogne ! Engageons-la,
» Je te fais actri e.

LA MÈRE GIGOGNE

Ouais ! pourquoi faire, cela ?

POLICHINELLE

» Pour amuser les gens, parbleu ! Sur mon théâtre
» Tu vas enfin sortir du charbon de ton âtre !

» Tu seras au niveau de Suzanne Lagier (1) !
» Tu feras connaissance avec Emile Augier,
» Dumas fils et Feuillet (2) ! Comme ce sera drôle !
» Je vais prier Ponsard de te donner un rôle (3)
» Mais pour mériter tant d'honneurs ébouriffants,
» Que sais tu faire, dis ?

LA MÈRE GIGOGNE.

Des enfants !

POLICHINELLE

Des enfants !! (4) »

(La mère Gigogne pond une masse de marmots, que Polichinelle engage au fur et à mesure d'un coup de bâton. — A l'apparition de chacun d'eux. Duranty, dans la salle, les appelle par leur nom sur l'air joué par le violon monocorde.)

DURANTY

Air : *C'est l'amour, l'amour.*

Ah ! y en a, y en a, y en a,
Voilà
Des listes
D'artistes !
Et qui voudra
Choisira
L'artiste
Qui plaira !

Voici *Samson*, lequel nazille ;
Monrose, un vrai marron sculpté
Brohan, l'esprit qui s'est fait fille
Dubois : maigreur, grâce et beauté.

(1) Comme grosseur.
(2) Je ne crois pas !
(3) Quelle occasion !
(4) Ces vers sont extraits du Prologue d'ouverture fait par Fernand Desnoyers pour le théâtre des Marionnettes.

Beauvallet — la voix forte!
Rousseil — un cou, des os;
Thuillier — qui fait la morte,
Tisserant — le gros dos!

Ah! y en a, y en a, etc., etc.

Regardez *Kime* qui bredouille
Dieudonné, le dieu de Meilhac,
Lesueur, dont l'organe se rouille,
Ferville, au nez plein de tabac
Permettez que je voie
Delaporte, maillot
Qui contient dans sa soie
La Vénus de Milo!

Ah! y en a, y en a, etc., etc.

Voyez *Numa*, le monotone
Félix qui vous dit : Sapristi.
Pierson et sa blonde couronne,
Febvre, un garçon pas mal bâti,
Fargueil, perle brillante,
Talent toujours nouveau.
Beau qui joliment chante
Les airs de Mario (1)!

Ah! y en a, y en a, etc., etc.

Sans détailler chaque théâtre,
Regardons passer par ici
Arnal, qu'un public idolâtre
Veut toujours voir *Passé minuit*

(1) Où, ô Uchard! huchera-t-on ton nom?

Schneider la provocante
le jeune *Brasseur*
Qui danse, parle, chante
Comme quatorze acteurs.

Ah ! y a, y en a, etc., etc.

Voyez *Lagier* ; — La *Tour de Nesle*
Déguisée en simple Chonchon
Bache, ce grand fantôme grêle,
Aux jambes en tire-bouchon,
Dumaine est là qui vibre
Jenneval qui rugit,
Hyacinthe en équilibre
Sur son nez qui rougit.

Ah ! y en a, y en a, etc., etc.

Voici *Raynard* qui, dans sa bosse,
Met son esprit de bon aloi
Omer à la face féroce;
Cette fontaine, c'est *Miroy*;

Déjazet l'immortelle
Vient chantant son couplet;
Sa jeunesse éternelle
Toujours captive et plaît.

Ah ! y en a, y en a, etc., etc.

Pour terminer, voici derrière
Paulin Ménier, ce grand chercheur,
Le toujours jeune *Laferrière*,
Un élégant et bel acteur.

Que messieurs les artistes
Veuillent me pardonner
Si ces vers fantaisistes
N'ont pu tous les citer.

Ah ! y en a, y en a, etc.

FERNAND DESNOYERS. — C'est-à-dire que tous les bons acteurs de Paris sont engagés à ce théâtre, le seul vraiment littéraire de la capitale, puisqu'on y joue des pièces en vers.

(La pièce continue; on n'entend que des coups de bâton.)

NOTA. — Il est à remarquer que Bézuchon et Tourniquet ne disent rien. — Autant de bêtises de moins.

DIXIÈME TABLEAU

LE DINER DU FIGARO

(La scène se passe dans un salon du grand hôtel du Louvre. — Six tables magnifiquements décorées sont entourées de convives. — Dans des coupes en cristal brille le *Grain d'or*, champagne *Jules Mathieu*. — A la table ovale, les directeurs de théâtre et quelques critiques se livrent à des orgies d'indulgence. — Junius est parmi les convives.) (1)

Scène unique.

MM. ALBÉRIC SECOND, JUNIUS, RÉTY, MONVAL, H. COGNIARD, OFFENBACH, MARC FOURNIER, DE CHILLY, HOSTEIN, HARMANT, DÉJAZET, SARI.

MONVAL, *à Sari* — Oui j'aime bien votre petit théâtre, il est si comme il faut! Oui, messieurs, je donnerais... mon Gymnase contre le sien... Ah! ça n'est pas lui qui est ennuyé par les auteurs!

(1) Avec une indépendance shakespearienne, l'auteur n'hésite pas un seul instant à ressusciter ses morts. — Du reste, Junius a été trop bon pour lui pour qu'il ne lui rende pas l'existence.

Air : *Cinq sous, cinq sous.*

Sari n'a que ***Blum*** et ***Flan***
Qui, dans sa salle coquette,
Fassent faire une recette.
L'art, ce n'est pas de l'argent :
C'est Blum ! c'est Flan !
Qui font faire la recette !
C'est Blum ! c'est Flan !
C'est vraiment
Mirobolant !

Un chef-d'œuvre, pour Sari,
C'est la pièce décousue
Que chacun a parcourue
Au seuil du ***Charivari,***
Et, comme chacun l'a lue,
Chacun n'a pas toujours ri.

Reprise : Sari n'a que Blum et Flan, etc.

SARI. — Eh bien, si vous voulez, nous changerons de théâtre ; le vôtre ferait assez bien mon affaire.

Air : *Bouton de rose.*

C'est au Gymnase,
Où les meubles sont élégants,
Que brillent l'esprit et la phrase.
Où peut-on mieux user ses gants ?
C'est au Gymnase !

C'est au Gymnase,
Qui n'est certes pas un ***Trembleur***,
Que l'amour est couvert de gaze.
Où dit-on que l'***argent fait peur?***
C'est au Gymnase !

C'est au Gymnase,
Que ***Piccolino*** plus joyeux
De la gaîté comble le vase.
Où jette-t-on ***la Poudre aux yeux***
C'est au Gymnase !

C'est au Gymnase,
Où *la vertu* de parti pris
De Célimène vous écrase.
Hymen ! où t'ai-je compromis ?
C'est au Gymnase !

DE CHILLY, *à Hostein.* — Oui, mon système est simple... mauvaises pièces, mais des transparents à mort ! c'es l'ancienne parade de la foire, ainsi :

Air : *Un jour à la barrière.*

J'ai joué cette année
L'Ang' de minuit,
Le *Monstre,* — œuvre vantée,
Pleine d'ennui.
Cora. — pièce assez fraîche
Pour la saison ;
Bref, le *Lac,* ou la Pêche
De Glenaston.

Et j'ai toujours remporté des succès.

HOSTEIN. — Transparents !

DE CHILLY. — C'est cela !

HOSTEIN. — Moi, j'ai un autre système, le système animal :

Air : de *Joseph.*

Dans les *Massacres de Syrie,*
J'avais quatre petits chameaux
Du roi d' *Siam* dans mon écurie,
Étaient les éléphants fort beaux.
Dans *Pékin,* pièce militaire,
Les chevaux trouvent un emploi :
Toutes les bêtes de la terre
Se donnent rendez-vous chez moi !

MARC FOURNIER. — Eh bien moi, je crois davantage aux décors et au ballet.

Air : *J'ai du bon tabac.*

J'ai de bons décors
Dans ma tabatière,
J'ai de bons décors
Tout ruisselants d'or:
Tour de Nesle et ***Pied de Mouton***
M'ont fait bien passer la saison.
La ***Grâce de Dieu,***
Quoique la dernière,
Va me mettr' un peu
De bois dans mon feu.
Des ***Funérailles de l'honneur,***
Tâchons de réparer l'erreur.
J'ai de bons décors
Dans ma tabatière,
J'ai de bons décors
Tout ruisselants d'or.

HARMANT. — Tout cela n'est pas sérieux; moi je ne crois qu'à Paulin Ménier et au *Courrier de Lyon.*

Air de *Cadet Roussel.*

Les ***Trent'-deux duels de Jean Gigon,***
Avec le ***Courrier de Lyon,***
Christoph' Colomb, l'aventurier,
Toujours suivi par le ***Courrier;***
Puis le ***Crétin de la montagne,***
Que le ***Courrier d' Lyon*** accompagne;
Voilà de la Gaîté
Les drames d'hiver et d'été.

OFFENBACH. — Eh bien! à mon avis, la seule manière de réussir est de ne compter que sur soi! Moi et Crémieux nous sommes bons pour ça!

Air du *Mirliton.*

J'adore ma musique
Et la pros' de Crémieux;
Halévy m' paraît ***chique,***
Les autr's sont ennuyeux.

Oui, rien ne me fait souffrir
Comme une œuvre de bon ton.
La musiqu' de l'avenir
Sera tout' de ma façon :
Ma musique est mirlitir,
Ma musique est mirliton
Ma musique est mir, est li, est ton...
Est mirliton!

H. COGNIARD. — Ah! vous aurez beau faire, les auteurs d'aujourd'hui ne sont pas mal en décadence; chez moi, les insuccès du jour me forcent de reprendre l'ancien répertoire, le meilleur! Et pourtant j'aimerais bien mieux des pièces modernes.

Air : *Combien j'ai douce souvenance.*

Combien j'ai douce souvenance
Des grands succès de mon enfance
De *Molinchart* le four banal,
Je pense,
A dû te faire bien du mal,
Arnal!

Les *Rameneurs*, petite pièce,
N'ont rien ramené dans la caisse.
Pour les *Danses*, chacun disait :
Quoi? qu'est-ce?
Brouillés d'puis Wagram seul était
Parfait!

Du reste, que pourrais-je dire ?
Les *Domestiques* m'ont fait rire,
Le *Beau Narcisse* à ses côtés
Chavire !
Quels sorts sont sur les *Variétés* (1)
Jetés !

ALBÉRIC SECOND. — Vous vous plaignez, mon cher Cogniard; mais si vous aviez le Palais-Royal, que diriez-vous ? Sauf la pièce de notre pauvre ami Murger, le *Serment d'Horace*, il n'y a rien de bien fameux, du moins c'est mon avis.

Air : *Les Gueux.*

Au Pa
Au lais
Au Palais-Royal
On fait des couplets
Qu'on chante mal.

Comme la *Beauté du Diable*,
Je déteste les *Deux rats*.
J' n'ai vu là qu'un' pièc' passable :
La *Mariée du Mardi gras* !
Au Pa, au lais, etc.

Les *Écus de la bell' mère*
Ont su pas mal me scier
J'aim' mieux la pièce centenaire :
Les *Jarr'tières d'un huissier !*
Au pa... au lais, etc.

Tenez, j'aime bien mieux le petit théâtre de Déjazet.

H. COGNIARD. — A cause de Déjazet.

(1) *Sorts sont sur*... Comme ces dissonnances rendent le vers fatal !

ALBÉRIC SECOND. — Oui.

Air *de la Lisette de Béranger.*

C'est dans ce théâtre où Lisette,
Que le temps n'a pas su changer,
Comme autrefois, avec art interprète,
Roger Bontemps, — des *Chants de Béranger*
O Déjazet, aimable enchanteresse,
O Létorière, ô Lauzun, ô Garat,
Toi qui toujours possèdes ta jeunesse,
Ta douce voix, ta grâce et ton éclat,
Toi qui chassas pour jamais la vieillesse.

Toujours nous t'admirons,
Actrice, femme ou fée,
Et notre voix charmée
Te dit toujours : Aimons,
Aimons la Frétillon, la charmante grisette,
Aimons tous ce follet,
Aimons tous Déjazet,
Aimons toujours Lisette.

H. COGNIARD. — Ah! c'était le bon temps, du reste voyez, partout il y a disette, aussi bien dans les journaux que dans les théâtres! On a été obligé d'inventer des Junius pour réveiller les lecteurs... du reste, c'est une bonne idée et je vais lui commander une pièce... (1)

(1) Je demande une prime si l'affaire se fait.

LA VOIX DE JUNIUS. — Merci! j'accepte!

(Tout le monde se détourne; on aperçoit un garçon à la figure niaise qui tient dans ses mains un faisan découpé).

ALBÉRIC SECOND. — Ah! mon Dieu! en musique, cela n'est pas plus en hausse, là, peut-être c'est un peu la faute des directeurs.

Air *Sérénade de Gil Blas.*

C'est à l'Opéra-Comique
Sous la direction
De Beaumont,
Tralala, tralala, etc.

Qu'on fait de bonne musique
Et de jolis succès
De procès,
Tra la la la, la la la, etc.

O rossignols de la scène,
Vous Ugalde et vous Saint-Urbain,
Remportez votre voix sereine
Car les huissiers... c'est bien malsain,
Fuyez ces pays barbares
Où Blayn, Beaumont et Bélia,,
Marqués au B.. sont trois avares
D'esprit, de tact, *et cætera...*

Reprise : C'est à l'Opéra-Comique, etc.

H. COGNIARD. — C'est là où le *Roman comique* aurait bien été en situation! Et au Théâtre-Lyrique?

ALBÉRIC SECOND. — Oh! le Théâtre-Lyrique... Tenez, voici Rety qui peut vous en donner des nouvelles.

RETY. — Du tout, cela vous regarde, cher ami.

ALBÉRIC SECOND.

Air : *Gai, gai, marions-nous.*

Il sera démoli
Le beau Théâtre-Lyrique,
Il sera démoli
Pour être ailleurs rebâti.

Mais avant d'être enterré,
La foule chez lui se rue,
Réyer donne la *Statue,*
Et c'est un succès *Carré.*

Reprise : Il sera démoli, etc.

Il joua le *Vert buisson*
Avec *Madame Grégoire,*
Deux beaux fours, veuillez m'en croire
Gastinel et Clapisson.

Reprise : Il sera démoli, etc.

RETY. — Allons, voyons, vous m'avez promis d'être indulgent.

ALBÉRIC SECOND. — C'est juste.

Et puisque j'ai consenti
A prendre votre défense,
Je fais une *réticence*
En m'arrêtant, ô Réty !

Reprise : Il sera démoli, etc.

RÉTY. — Jamais on ne me l'a fait, ce mot là ; mais c'est sur l'Opéra que vous devriez tomber.

ALBÉRIC SEÇOND. — O mon Dieu ! je ne l'épargnerai pas plus qu'un autre.

Air : du *Docteur Izambard.*

Vous connaissez le *Tannhauser*,
Ser, ser, ser, etc.
L'opéra de Richard Wagner ?
Ner, ner, ner, etc.
Ce *Tannhauser* était tannant,
Tchin na na poum, na na poum, poum, poum
Mais il n'était pas étonnant.
Ah ! ah ! ah ! ah !

RÉTY. — Vous respecterez au moins Gluck, si vous abîmez Wagner.

ALBÉRIC SECOND. — Hélas! je le voudrais! Pauvre madame Viardot, le soir de la première, je la rencontrai et je ne pus m'empêcher de lui dire :

Air : *Non, non, vous n'êtes plus Lisette.*

Quoi! Pauline, est-ce vous?
Vous ailleurs si fêtée
Quel ennui nous prend tous
A cette mélopée.
Et non, non, non, vous n'êtes plus Orphée
Et non, non, non, ne portez plus ce nom!

Heureusement que les ballets sont venus compenser tout cela : *Graciosa*, la *Fontaine des Innocents* et l'*Étoile de Messine*, avec Emma Livry, la Petipa et la Ferraris m'ont littéralement enthousiasmé. J'adore les mollets!

(On entend un carillon. — Sur ces murs apparaissent tout à coup des inscriptions ainsi conçues :)

LE CAFÉ EST SERVI au numéro 6,941, 2e corridor, 3e escalier, 4e étage 5e section, 6e division, rue d'ARCOLE.

Tout le monde se lève et se rend à l'endroit indiqué.

NOTA. — Il y en a qui n'arrivèrent que le matin. — D'autres n'ont jamais été retrouvés; de ce nombre est Bézuchon, parce qu'il devenait inutile, et Tourniquet, qui était allé faire sa partie chez un marchand de vins.

ONZIÈME TABLEAU

—

LE FOYER DU VAUDEVILLE

Le foyer du théâtre du Vaudeville. — Entr'acte du second acte de *Nos Intimes.*

Scène première

A. SCHOLL, BÉZUCHON, PUBLIC, AUTEURS.

A. SCHOLL. — Depuis quand es-tu arrivé (1)?

BÉZUCHON. — Depuis deux jours; j'ai rencontré une espèce d'individu nommé Tourniquet qui m'a conduit un peu partout et m'a raconté mille choses que je ne comprends pas.

A. SCHOLL. — Le fait est qu'à Pithiviers on s'occupe peu de théâtre.

BÉZUCHON. — Pardon! pardon! on parle trois mois à l'avance de la troupe dramatique et trois mois après son départ on en parle encore.

(1) D'après ce tutoiement, il est évident qu'Aurélien Scholl connait Bezuchon; mais c'était parfaitement inutile d'en prévenir le public.

A. SCHOLL. — Alors, tu dois être parfaitement renseigné. Sais-tu ce qu'on vient de jouer au Théâtre-Français?

BÉZUCHON. — Non.

A. SCHOLL. — Eh bien c'est une pièce d'Alfred de Musset : — *On ne badine pas avec l'amour*. — On la joue parce qu'il est mort; c'est dans l'intérêt des auteurs vivants, afin qu'ils puissent espérer d'être joués quand ils ne seront plus. Les grands talents ne jouissent de leurs succès qu'après leur mort.

BÉZUCHON. — C'est encourageant!

A. SCHOLL. — C'est égal! Tu ne me parais pas ferré sur ton répertoire; nous avons un moment à nous, je vais tâcher de t'initier; veux-tu?

BÉZUCHON. — Volontiers!

AURÉLIEN SCHOLL

Air de *Fualdès*

Des théâtres littéraires
Tu veux savoir les travaux,
D'abord je te dirai qu'aux
FRANÇAIS les sociétaires
Ont joué — ce n'est pas bien —
Un moutard qui ne fait rien.

Legouvé fit cette chose
Qui n'eut qu'un piètre succès.
Pour moi, je préfère les
Proverbes à l'eau de rose,
Car ils font avec Gozlan
Et la *Pluie et le beau temps.*

Franchissons d'un pied agile
Le Carrousel et le pont
Qui nous mène à l'Odéon,
Où l'Auvergnat et le style
De madame *Béatrix*
Ont fait courir tout Paris

Là, nous trouverons encore
Un proverbe délaissé.
Hélas ! — *Jaloux du passé*
Valait bien mieux qu'une aurore !

BÉZUCHON

Le véritable jaloux
Se nommait-il pas Legou...

AURÉLIEN SCHOLL, *l'interrompant*

...Vé !. . — Puis la Réouverture
Fut triste comme un bonnet
De nuit ! La Rounat n'avait
Qu'à choisir, je te le jure,
Et Paul Foucher fut choisi
Avec Blaze de Bury.

L'un lui fit l'*Institutrice,*
L'autre le *Décameron.*
C'est bien triste, disait-on
De l'une à l'autre coulisse.
Paul Foucher est myope, — aussi
Crut-il avoir réussi.

Le *Revers de la médaille,*
De Léonce et Moléri,
Etait morne.. De l'esprit
Ce n'était que la limaille.
Dans la prose ou dans les vers
Il faut craindre les revers !

Arrive un succès solide,
Succès d'actrice et d'auteur,
Les *Vacances du docteur*
Remplissent la caisse vide,
Et Thuillier et Tisserand
Comblent celle de Rolland.

Pendant que les cœurs sensibles
Se gonflaient comme un ballon,
Il advient que l'Odéon
Donne les *Parents terribles,*
Qui n'ont pas eu, tant s'en faut,
Le succès de *Girodot.*

Scène II

LES MÊMES. — NORIAC, SIRAUDIN, DELACOUR, LAMBERT THIBOUST, GRANGÉ, ED. MARTIN

NORIAC. — Bonsoir, mon bon Aurélien !

SCHOLL. — Je te présente un de mes amis, M. Bézuchon, de Pithiviers, un *Eusèbe* moins la candeur.

NORIAC. — Alors, monsieur n'est pas un Eusèbe. — Et vous venez à Paris vous reposer de l'ennui de la province ?

BÉZUCHON. — Oui, monsieur.

NORIAC. — Eh bien, nous, nous allons en province pour nous reposer de l'ennui parisien.

A. SCHOLL. — Je te confie mon ami, ne me l'abîme pas ! Je reviens de suite.

(Il se précipite sur les pas de quelques petites dames très gaies.)

Scène III

LES MÊMES, *moins* SCHOLL

NORIAC. — Alors, vous ne connaissez personne à Paris ?

BÉZUCHON. — Pas un chat !

NORIAC. — Et vous ne seriez pas fâché de voir de près tous les grands hommes du jour : les artistes dramatiques, les vaudevillistes, les littérateurs ?...

BÉZUCHON. — J'en serais enchanté !

NORIAC. — Je le crois aisément ! Vous m'avez été présenté, je puis vous en présenter d'autres. Avant tout, j'établirai deux catégories : les *boursicotiers* et les *chef-d'œuvristes*. — Les premiers produisant quand même, avec des alternatives de chutes et de succès ; les seconds produisant rarement, mais, sûrs de leur succès... S'ils se trompent, par hasard... ils s'expatrient.

BÉZUCHON. — Quel est donc ce monsieur-là qui a ces grands favoris et un petit œil émerillonné ?

NORIAC. — Celui-là ! C'est un oursicôtier-confiseur ! — Du moins il ne l'est déjà plus : *fondé*, — *palpé*, — *vendu*. Telle est sa devise !

BÉZUCHON. — Alors, c'est *Siraudin*.

NORIAC. — Mais sans doute. — C'est un habile !

Air : *Il était un petit homme*

En auteur remarquable
Il réussit toujours
Ses p'tits ours !
En confiseur capable,
Il réussit toujours
Ses p'tits fours !
Car, comme autrefois,
Cet homme à la fois
Auteur et confiseur,
Se pouss' du col,
Se pouss' du col,
Du collaborateur !

BÉZUCHON. — Et celui-là à la barbe noire et à l'air charmant.

NORIAC. — C'est Delacour ! L'auteur médecin !

Même air.

C'est un homme agréable
Qui vous sourit pour rien
Et s' met bien !
Je sais qu'il est capable,
C'est un fameux docteur,
Cet auteur !
Pièces et sujets,
Il traite tous ses
Malades au café :
Ça n' manqu' pas d' chic
Ça n' manqu' pas d' chic
Ça n' manqu' pas d' chicorée

BÉZUCHON. — Est-ce que vous croyez que ça rime?

NORIAC. — Non! mais quand sa *belle-mère* aura plus d'*écus*, il me payera des rimes plus riches. — Je lui fais crédit.

BÉZUCHON. — Et ce joli garçon brun, frais comme une rose et qui sourit toujours, comment le nommez-vous?

NORIAC, *même air.*

C'est un vaudevilliste
Qui n'a pas mal de goûst
C'est Thiboust!
Mais il a c'qui m'attriste,
Du Diable en vérité
La Beauté!
Les femm's tour à tour
Vienn'nt lui fair' la cour
Oh! le joli veinard!
C'est un des lions,
C'est un des lions,
Des lions du boulevard.

BÉZUCHON. — Le gaillard! Mais celui qui cause avec lui n'est pas un favori des dames!...

NORIAC. — Grangé! Ah! vous ne le connaissez pas.

Même air.

Son paletot noisette
A toujours excité
La beauté;
Sa phrase simple et nette
A toujours excité
La gaieté.
De la belle humeur
C'est l'excitateur.
Les femmes, croyez bien,
Aiment son é...
Aiment son é...
Son élégant maintien

BÉZUCHON. — En voici un autre, aux gros favoris, qui semble assez sérieux ; serait-ce un dramaturge ?

NORIAC. — Non, au contraire ! C'est un *oursicotier* devenu *chef-d'œuvriste*, Edouard Martin, un vaudevilliste qui se range et qui est en train de doubler son talent de celui de Labiche. Un comique sérieux à la ville, un sérieux-comique au théâtre.

Même air

Il a fait le *Voyage*
De monsieur Perrichon
C'était bon !
Ça lui donna l' courage
D' fair' le *Capitaine Tic*
C'était chic !
Dernièr'ment je l' vis
Au Gymnase et j' dis
Le trouvant plus joyeux :
Ça sent la poudre...
Ça sent la poudre...
la *Poudre aux yeux*

Scène III

LES MÊMES, A. SCHOLL, *puis* VICTORIEN SARDOU

A. SCHOLL. — Eh bien ! Bézuchon, es-tu content de Noriac ?

BÉZUCHON. — Oui ; monsieur m'a déjà fait connaître pas mal de notoriétés dramatiques ; mais puisque nous sommes au Vaudeville, tu devrais bien, en deux mots, me faire son histoire... l'histoire dramatique de cette année, s'entend...

A. SCHOLL. — Volontiers ! d'autant mieux que la pièce de ce soir est une résurrection r

Air de l'*Ecu de France*

Le Vaudeville est un séjour
Où Séjour ne va guère,
C'est là qu'on voit régner le four
Chauffé par le parterre.
C'est *Esther Ramel*,
Dénouement cruel,
Pauvre religieuse!
Qui, d'un air malin,
Montre le chemin
Hélas! à la *Frileuse!*

Onze jours de siége, c'est trop
Pour remporter sa veste!
L'Attaché d'ambassade est *Beau!*
L'écureuil était leste!
Car la larme à l'œil
Ce pauvre écureuil
Prit sa course légère.....
Je vous aime! Hugo
Charles, — mais tout beau
J'aime mieux votre père!....

La pièce d'Henry Rochefort
D'intrigue dépourvue,
Fut goûtée aussi sans effort :
Un succès d'*Ingénue!*
Labiche et Martin
Joyeux boute-en-train,
Acceptez cette aubade :
Quel esprit de roc
Eût trouvé *Tic toc*?
N'aviez-vous pas Parade ?

La Poule et ses poussins chéris
M'ont plu, je dois le dire!

Un Mariage de Paris
Ne m'a guère fait rire!
Sans doute Sarcey
Alors inspirait
Le chantre de *Germaine?*
Pour savoir cela,
On peut le mettre à
La Question... romaine

(On entend la sonnette d'avertissement. — Victorien Sardou passe dans le fond du foyer.)

A. SCHOLL. — Allons ! allons ! Le troisième acte va commencer; regagnons nos stalles...

BÉZUCHON. — Avant de rentrer, quel est ce petit jeune homme là-bas, qui a de grands cheveux et une physionomie intelligente?

A. SCHOLL. — C'est l'auteur de la pièce que nous voyons : *Nos intimes,* Victorien Sardou.

BÉZUCHON. — Ah ! je suis content de le voir ! Il ne collabore pas, lui?

A. SCHOLL. — Non ! Tu as entendu tout à l'heure ce qu'il disait du mariage?

BÉZUCHON. — La comparaison des poires?

A. SCHOLL. — Oui. Eh bien ! cela peut s'appliquer à la collaboration.

Air de *l'Apothicaire.*

Coupez des poires et mettez
Les morceaux dans une corbeille;
Quelque temps après vous verrez
Chaqu' tranche chercher sa pareille

Ceci des collaborateurs
Me paraît être assez l'histoire;
Seul *Sardou* des jeunes auteurs, } (*Bis*)
Mon cher, a pu faire sa poire!

(Le foyer se vide peu à peu... On entend l'ouverture du troisième acte de *Nos Intimes.* Seul, **Emile Bénassit** fait un croquis du médaillon de Sardou de **Ch. Boutard**, lequel, dans un autre coin du foyer, est en train de modeler la tête de Félix.)

EPILOGUE

DOUZIÈME TABLEAU

LA CUISINE DU JOURNAL

Scène unique

(Les rédacteurs du *Figaro* ont apporté leurs notes, Tourniquet les a mises en ordre et Figaro vient de les parcourir.)

FIGARO. — J'ai là deux fois plus de documents qu'il ne m'en faut, et cependant ce n'est pas complet. Vous avez oublié une foule de choses : la Chine, l'Exposition de peinture, les livres nouveaux, les Siamois à Paris, les morts illustres : *Paul d'Ivoi*, votre confrère et votre ami, *Rose Chéri*, cette grande actrice et cette bonne mère, *Fauchery* et d'autres, tous regrettés, depuis *Louis Lurine* qui terminait l'année dernière jusqu'à *Guichardet* qui termine celle-ci... Ah ! comme c'est long de faire court ! Mais il y a encore autre chose que vous avez oublié, — et notre concours de nouvelles à la main? Voyons, les poëtes, un couplet sur le pouce!...

J. NORIAC. — Je propose ceci : à côté des prix qui seront donnés aux meilleures *nouvelles à la main*, je crois utile de faire graver une médaille d'honneur en argent... on la gardera, celle-là... plus longtemps qu'on ne garde son esprit.

Air : *Restez, restez, troupe jolie*

Les grognards du premier Empire
Sont médaillés pour leur valeur,
Ces vieux débris qui font sourire,
Autrefois causaient la terreur.
A leur approche, on avait peur.
L'esprit aussi livre bataille,
Et plus d'un en sort tout meurtri.
Figaro donne une médaille...
Celle des *Grognards de l'esprit* ! } *bis.*

FIGARO. — Bravo! j'adopte l'idée!... Eh bien, mais... et les imitations! Nous n'avons pas d'imitations.

NORIAC. — Je propose une autre idée. Emile Bénassit, notre jeune dessinateur, va nous imiter les charges artistiques d'Etienne Carjat.

FIGARO. — Adopté !

(Emile Bénassit crayonne vivement, d'après les charges de Carjat, les deux croquis ci-dessous ; Ravel et Gil-Perez.)

FIGARO. — L'imitation est parfaite!... sapristi, mais... le couplet final?...

TOUS. — Nous allons vous le chanter.

FIGARO. — C'est inutile! c'est le moment, au théâtre, où tout le monde met son manteau et prend son parapluie; personne ne l'entendrait. — Eh bien! Tourniquet, êtes-vous content de votre Revue?

TOURNIQUET. — Elle doit être parfaite, parce qu'elle est mauvaise.

FIGARO. — Eh bien! le public est dans le cas de la trouver mauvaise, parce qu'elle est bonne...

TOURNIQUET. — En ce cas, que le public veuille bien excuser les fautes de l'auteur.

FIN.

PARIS. — IMPRIMERIE DE DUBUISSON ET Cᵉ, 5, RUE COQ-HÉRON.

www.ingramcontent.com/pod-product-compliance
Lightning Source LLC
LaVergne TN
LVHW020346230826
846091LV00003B/1016

9782013627139